판례로 보는
한국 사회
쟁점 20

판례로 보는
한국 사회
쟁점 20

이광원 지음

스핑크스

대학원에 다닐 때, 법학을 전공하지 않은 친구가 뒤늦게 사법시험 공부를 한다면서 나에게 여러 가지 물어보던 때가 있었다. 한 번은 그 친구가 대법원 판례나 헌법재판소 판례를 왜 중고등학교 때 가르치지 않는지 모르겠다고 한 적이 있었다. 나야 판례에 익숙해져 있어 특별한 감흥이 없었지만, 법학을 처음 공부하면서 판례를 읽은 그에게는 판례가 매우 훌륭한 교육 텍스트로 보였던 모양이다.

처음엔 약간 황당하다고 생각했지만 곧 일리 있는 이야기라는 생각이 들었다. 대법원과 헌법재판소는 우리 사회의 분쟁 사안 중 매우 중요한 것들을 다룬다. 그러므로 법적인 이슈들뿐 아니라 정치·사회적인 이슈들이 다루어지고 있고, 글의 전개도 아주 논리적이어서 시사적인 측면에서나 글쓰기 측면에서 교육적 효과가 있음을 부정할 수 없다.

그 친구와의 대화 이후 언젠가 일반인들이 판례를 쉽게 접할 수 있도록 안내하는 판례 해설서를 써봐야겠다는 생각을 했다. 이러한 생각은 곧 바쁜 일상 속에 묻혀버리고, 가끔 한 번씩 상기될 뿐이었다.

법의 본질적 기능 중 하나가 분쟁의 해결이다. 그러므로 분쟁이 현실적으로 발생했을 때 우리는 법의 필요성을 인식하고 그 기능을 직접적으로 목격하게 된다. 문명사회에서 분쟁은 법에 의해 해결되고, 법은 논리와 상식에 입각해 있으므로, 분쟁은 논리와 상식에 의해 해결되는 셈이다. 그리고 논리와 상식은 말과 글로 전개된다. 민사소송에서 원고는 소장으로, 피고는 답변서로, 형사소송에서 검사는 공소장으로, 변호인은 변론요지서로 각자 자신들의 주장을 편다. 법원은 판결문으로 소송당사자의 주장에 대해 답을 한다.

결국 분쟁은 소장, 답변서, 공소장, 변론요지서, 판결문이라는 서면 속에서 논리와 상식을 바탕으로 주장하고, 설득하고, 받아들이고 배척하는 것을 통해 해결되는 것이다. 그렇기 때문에 법적 분쟁에서 오가는 서면, 특히 판결문에는 우리가 일상을 살아가면서 겪게 되는 크고 작은 다양한 논쟁들이 담겨 있다.

판결문 중에서도 우리나라 최고법원인 대법원과 헌법재판소가 생산하는 판례는 최고의 지성들이 우리 사회에서 쟁점이 되고 있는 문제들에 대해 치열하게 고민하고 토론하고 논증한 과정을 격조 있고 품위 있게 보여준다.

이 책은 우리 사회에서 쟁점이 되고 있는 주제와 관련된 20 개의 판례를 소개하고 있다. 대법원 판례와 헌법재판소 판례를 각각 10개씩 선정하였다. 각 판례의 제목을 전부 의문형으로 하였는데, 그 이유는 판례에서 다뤄진 주제들이 판결 당시에도 논쟁적이었지만, 판결이 난 이후에도 논쟁이 종식되지 않았고 여전히 현안으로 존재한다고 보았기 때문이다.

판례를 선정하면서 새삼 알게 된 것은 우리 사회에서 논쟁적이었던 사안들이 대부분 사법 판단을 받았다는 점이다. 긍정적으로 보면 사회적 논쟁이 결국 법에 따라 해결된다는 점에서 법치주의의 실현으로 볼 수도 있지만, 부정적으로 보면 사회적 사안이 시민사회의 자율적 토론과 타협을 통해 해결되지 못하고 사법부를 통해 강제적으로 해결된다는 점에서 우리 사회의 분열상을 반영한다고 볼 수도 있다. 법리적인 쟁점이 있는 판례가 포함되는 것은 부득이하였지만 최소화하려고 노력하였다. 선택된 판례들은 모두 다수 의견(혹은 법정 의견)과 반대 의견이 존재하는 판례들이다. 그만큼 논쟁적인 주제를 다루었기 때문이다.

글의 순서에서는 저자가 먼저 해설을 하고 나중에 요약된 판례를 제시하는 형식을 취했다. 해설에서는 대상 판례에 대한 전체적인 의미, 사실관계, 쟁점에 대한 저자의 사견의 순서로 서술하였다. 이어서 판례 요약에서는 다수 의견과 반대 의견을 발췌 및 요약하여 소개하였다. 일반인들은 판례를 읽는 것이 익숙하지 않을 것이므로 판례를 읽기 전에 해설을 읽고 판례 요약을 보는 것이 도움이 될 것이다.

우리 사회의 쟁점에 대해 분명하게 자신의 생각을 정리하는 데 이 책이 도움이 된다면 그 이상의 보람이 없을 것이다. 아울러 이 책이 일반인들의 판례에 대한 관심을 불러일으키고, 청소년들에게는 법조인의 꿈을 키우는 데 도움이 되기를 바란다.

마지막으로 이 책이 나오기까지 응원을 아끼지 않은 아내와 두 아들에게 감사와 사랑의 마음을 전한다.

2024년 5월 어느 날 오후

서재에서

저자 직

제3장   헌법재판소 판례

제

1

장

판례란 무엇인가

01. 민주주의와 삼권분립

　민주주의는 오늘날 보편적인 정치 이념으로 받아들여지고 있다. 정치 이념으로서의 민주주의는 국가라는 정치 공동체의 주인이 국민임을 인정하는 것이다. 국민이 주인이라는 이념은 국민주권주의라는 통치 원리로 구체화된다.

　국민주권주의는 국민이 직접 국가를 통치하는 것을 통해 실현되는 것이 이상적이겠으나, 규모가 크고 고도로 조직화된 국가 공동체를 국민 개개인이 직접 통치하는 것은 현실적으로 불가능하다. 그래서 국민이 대표를 선출하고, 그 대표에게 권한을 위임하여 대신 통치하게 하는 대의제가 국민주권주의의 일반적 실현 원리라고 할 수 있다. 그러나 대의제는 대표와 국민의 의사가 일치하지 않을 수 있다는 문제가 있다. 더 나아가 대표가 국민 위에 군림하는 사태가 발생할 수도 있다. 물론 국민은 주기적인 선거를 통해 국민의 의사에 반하는 대표를 퇴출시키고 국민의 의사를 충실히 반영하고자 하는 대표를 선임할 수 있다. 그리고 매우 중대한 사안의 경우 국민투표를 통해 국민의 의사를 직접 표현할 수도 있다.

그럼에도 선거와 국민투표를 통한 대의제의 보완에는 한계가 있다. 선거의 경우에는 일정한 기간이 경과해야만 행사할 수 있다는 한계가 있고, 국민투표의 경우에는 중대한 사안에 한정된다는 한계가 있다. 상시적이고 일상적인 보완 장치가 필요한 것이다. 이러한 대의제에 대한 상시적, 일상적 보완으로서 기능하는 통치 원리가 바로 권력 분립의 원리이다. 국민의 대의기관을 일원화하지 않고, 복수로 하여 서로 견제하고 균형을 유지하도록 하는 것이다. 복수의 대표기관이 서로 국민의 의사를 두고 경쟁하고, 상호 견제하는 것을 통해 군림하고 전횡하는 대표의 행위가 제한되고, 국민의 의사가 대표의 행위에 반영될 수 있는 것이다.

권력 분립의 원리는 오늘날 삼권분립 제도로 보편화되어 채택되고 있다. 삼권분립 제도는 통치 기능을 입법, 행정, 사법으로 나누고, 기능별로 별개의 기관에 맡기는 통치제도이다. 국민들의 합의된 의사를 법의 형태로 정립하는 기능은 입법부가 하고, 이러한 법을 구체적 사안에서 집행하는 기능은 행정부가 맡고, 분쟁에서 무엇이 법에 따른 해결인지 선언하는 기능을 사법부가 담당하는 것이 삼권분립 제도이다.

02.　　　　　　　　　　　　법적 분쟁과 사법부

인간 사회에서 분쟁이 발생할 경우, 분쟁 해결 기준이 법이 되는 경우가 있고, 법이 아닌 경우가 있다. 나날이 심각해져가는 저출산 및 고령화에 대한 대책은 무엇인가, 기후 변화에 대응하기 위한 정책의 우선순위는 무엇인가, 정부가 정책적으로 지원해야 하는 미래 산업은 무엇인가, 대입 제도에서 정시와 수시의 비율을 어떻게 할 것인가, 어떤 미술품이 예술적 가치가 있는가 또는 위작인가 아닌가 등등은 법이 그 해결의 기준을 제시할 수 없다. 이런 것들은 정책적 판단의 영역, 전문적 가치판단의 영역 혹은 전문적 사실판단의 영역이다.

반면, 양심상의 이유로 병역을 거부하는 것이 허용되느냐, 동영상을 볼 수 있는 링크를 게시하는 행위가 저작권을 침해하는 것이냐, 남자만 군대에 가는 것은 평등의 원칙에 위배되는 것이 아니냐, 집회 참가자들을 대상으로 사진 촬영을 하는 것은 집회의 자유 침해이냐 등등은 법이 문제 해결의 기준이 된다. 이러한 영역은 규범의 영역으로서 요구, 의무, 허용, 금지를 내용으로 한다. 그러한 내용은 법에 직접 규정되어 있든지, 법의 해석을 통해 도출할 수 있다. 이처럼 법이 해결의 기준이 되는 분쟁을 법적 분쟁이라고 한다. 법적 분쟁에 있어서는 사법부가 법의 내용을 확인하고 선언하여 분쟁을 해결한다. 법원과 헌법재판소는 분쟁을 해결하는 과정에서 분명한 법 규정은 그 의미를 재확인하고, 포괄적이거나 불확정적인 법 규정은 해석을 통해 구체적이고 확정적인 의미를 발견하여 선언한다.

그런데 대개 법적 분쟁은 분쟁 해결의 기준으로 적용되는 법이 포괄적이거나 불확정적인 경우에 발생한다. 이 경우에는 법원이 해석을 통해 법의 의미를 구체적이고 확정적인 것으로 만들어서 분쟁에 적용시켜줘야 한다. 이때 해석은 합리적 사고와 논리를 통해 법의 의미를 분석하고 종합하여 결론적 의미를 도출하는 과정으로 전개되어야 누구나 동의할 수 있는 설득력을 획득할 수 있다. 아무리 법원이 해석을 통해 내린 결론이라도 그 해석 과정에 합리적 사고와 논리가 결여되어 설득력이 부족하다면 당해 분쟁은 억지로 해결될지 모르지만, 판결 후에도 유사한 분쟁이 끊임없이 반복된다. 법원의 설득력 있는 해석이 나올 때에야 분쟁은 실질적으로 해결될 수 있는 것이다. 법원의 법 해석 결론인 판결문이 합리적이고 논리적인 글이 되어야 하는 이유이다.

03. 판례의 의의

1) 판례의 개념

판례란 '법원에서 판결한 예'란 의미이다. 각급 법원의 판결례가 모두 판례라고 할 수 있지만, 대법원의 판례와 하급심 법원(고등법원, 지방법원)의 판례는 그 의미와 중요성에 차이가 있다. 하급심 법원의 판례는 하나의 선례일 뿐 당해 사건을 벗어나서는 규범력이 없지만 대법원 판례는 심급제도에 의해 하급법원에 기속력이 미치며, 국민 일반의 법생활에서 사실상의 규범력을 가지고 있다. 그래서 통상 판례라고 할 때는 대법원의 판례를 가리킨다.

현행 헌법인 제9차 개정헌법(1987년 개정)은 헌법 재판 기관으로 헌법재판소를 두도록 규정하여 1988년 헌법재판소가 출범하였다. 제3차 개정헌법(1960년 개정)에서도 헌법재판소를 규정하였지만 실제로 헌법재판소가 설치되지는 못하였다.

1988년에 출범한 헌법재판소는 출범 당시의 예상을 훨씬 뛰어넘어 매우 적극적으로 헌법재판례를 쏟아내고 있다. 그리고 이러한 헌법재판례는 대법원 판례 못지않게 국민의 법생활에 중대한 영향을 끼치고 있다. 헌법재판소는 '결정'이라는 형태로 판단의 결과를 내놓기 때문에 '결정례'라고 부르는 것이 정확하나, 본질적으로 법원의 판결과 다르지 않아 헌법재판소의 결정례도 일반적으로 헌법 '판례'라고 부른다. 그래서 대법원의 판결례와 헌법재판소의 결정례를 모두 판례라고 통칭한다.

대법원의 재판은 법령의 해석의 범위를 넘지 못하지만 헌법재판소의 재판은 법령의 위헌 여부에까지 이른다. 그래서 대법원 판례에서는 법령의 해석 과정에서 논쟁이 발생하지만, 헌법재판소 판례에서는 법령 자체의 헌법적 정당성을 판단하는 과정에서 논쟁이 발생한다.

2) 판례의 표시

일반적으로 판례를 표시할 때 '선고 법원, 선고 일자, 사건 번호'의 순서로 표시한다. 예를 들어 판례 표시가 '대법원 2011.1.20. 2010두14954 전합'이라면 대법원이 2011년 1월 20일에 선고한 전원합의체 판결이고 사건 번호는 2010두14954라는 것이다. 사건 번호 '2010두14954'는 2010년도에 접수된 '두' 사건 중 14954번째라는 의미이다. 여기에서 '두'는 행정

상고 사건이라는 뜻이다.

　우리나라 법원은 사건의 종류와 심급에 따라 사건 부호를 부여한다. 법원의 '판결에 대한 불복'은 항소, 상고라 부른다. 항소는 1심 판결에 대한 불복이고, 상고는 2심 판결에 대한 불복이다. 민사사건은 심급에 따라 1심은 '가'[01], 2심(항소사건)은 '나', 3심(상고사건)은 '다'를 부여하고, '형사사건'은 1심은 '고'[02], 2심(항소사건)은 '노', 3심(상고사건)은 '도'를 부여하며 '행정사건'은 '구'[03], '누', '두'를 부여한다.

법원 사건 부호

심급	민사		형사		행정	
	단독	합의부	단독	합의부	단독	합의부
1심	가단	가합	고단	고합	구단	구합
2심	나		노		누	
3심	다		도		두	

　한편 법원의 '결정이나 명령에 대한 불복'은 항고, 재항고라고 부른다. 항고는 결정이나 명령에 대한 불복절차이고 재항고는 항고에 대한 재차의 불복절차를 말한다. 민사항고사건은 사

01　민사사건 1심은 단독 사건의 경우 '가단', 합의부 사건의 경우 '가합'으로 다시 분류한다.
02　형사사건 1심도 '고단', '고합'으로 분류한다.
03　행정사건 1심도 '구단', '구합'으로 분류한다.

건 부호 '라'를, 민사재항고사건은 '마'를 부여한다. 형사 항고
재항고는 각각 '로', '모'를 부여하고 행정 항고, 재항고는 각각
'루', '무'를 부여한다.

'전원합의체 판결'이라는 말은 '부(部)'가 판결한 것이 아니
고 전원합의체가 판결했다는 의미이다. 대법관의 수는 대법원
장을 포함하여 14명이다(법원조직법 제4조 제2항). 대법원의 심
판권은 대법관 전원의 3분의 2 이상의 합의체에서 행사하며,
대법원장이 재판장이 된다. 다만, 대법관 3명 이상으로 구성된
부(部)에서 먼저 사건을 심리(審理)하여 의견이 일치한 경우에
한정하여 다음 각 호의 경우[04]를 제외하고 그 부에서 재판할 수
있다(법원조직법 제7조 제1항). 대법관 전원의 3분의 2 이상의 합
의체를 전원합의체라고 하는데, 법조문으로만 보면 전원합의
체가 원칙이고, 부(部)가 예외인 것처럼 보인다. 그러나 실상은
대부분의 재판은 부에서 하고 예외적으로 중요한 사건(각 호의
경우로 열거된 것들)에 대하여 전원합의체가 재판하는 것으로 운
영되고 있다.

헌법재판소 판례의 경우도 법원의 판례와 유사하게 판례를
표시한다. 즉, '헌재 2023. 6. 1. 2022헌라11'이면 선고 기관은

---

04 1. 명령 또는 규칙이 헌법에 위반된다고 인정하는 경우
　　2. 명령 또는 규칙이 법률에 위반된다고 인정하는 경우
　　3. 종전에 대법원에서 판시(判示)한 헌법·법률·명령 또는 규칙의 해석 적용에 관한 의
　　　 견을 변경할 필요가 있다고 인정하는 경우
　　4. 부에서 재판하는 것이 적당하지 아니하다고 인정하는 경우

헌법재판소이고, 선고 일자는 2023년 6월 1일이고, 사건 번호는 2022헌라11이다. 여기서 '헌라'는 '권한쟁의심판'[05]을 의미한다.

헌법 제111조 제1항은 헌법재판소가 관장하는 심판을 규정하고 있는데, 제1호의 법원의 제청에 의한 '위헌법률심판'에는 '헌가'를, 제2호의 '탄핵심판'에는 '헌나'를, 제3호의 '정당해산심판'에는 '헌다'를, 제4호의 '권한쟁의심판'에는 '헌라'를 사건 부호로 각각 부여하고 있다.

그런데 제5호의 '헌법소원심판'[06]은 헌법재판소법에 의해 두 유형으로 나뉘어져 있다. 즉 공권력의 행사 또는 불행사(不行使)로 인하여 헌법상 보장된 기본권을 직접 침해받은 자가 제기하는 헌법소원(헌법재판소법 제68조 제1항)과, 위헌법률심판제청신청이 기각된 때에 신청 당사자가 제기하는 헌법소원(헌법재판소법 제68조 제2항)이 그것이다. 그래서 제68조 제1항의 헌법소원은 '권리구제형 헌법소원'이라고 하고 여기에는 '헌마'를, 제68조 제2항의 헌법소원은 '위헌심사형 헌법소원'이

---

05 권한쟁의심판이란, 국가기관 상호간, 국가기관과 지방자치단체 상호간, 지방자치단체 상호간에 권한의 존부나 범위에 관한 다툼이 생긴 경우에 헌법재판소가 헌법 해석을 통하여 유권적으로 그 분쟁을 해결함으로써 국가 기능의 원활한 수행을 도모하고 국가권력 간의 균형을 유지하여 헌법질서를 수호·유지하고자 하는 심판을 말한다.

06 헌법은 '법률이 정하는 헌법소원심판'이라고 하여 헌법소원심판의 구체적인 유형을 정하는 것을 법률에 위임하고 있다. 이러한 위임에 따라 헌법재판소법이 헌법소원심판의 유형을 정하고 있다.

라고 하고 여기에는 '헌바'[07]를 부여하고 있다.

헌법재판소 사건 부호

사건	위헌법률 심판	탄핵심판	정당해산 심판	권한쟁의 심판	헌법소원심판	
					권리구제형	위헌심사형
부호	헌가	헌나	헌다	헌라	헌마	헌바

---

07 일반 법원에서 사건 당사자가 재판에 관련되는 법률이 위헌이라고 의심될 때 법원에
   위헌법률심판제청신청을 하고, 신청을 받은 법원이 이를 받아들이면 법원 이름으로
   헌법재판소에 위헌법률심판제청을 한다. 그리고 이것이 바로 '헌가' 사건이다. 그런데
   법원이 위헌법률심판제청신청을 받아들이지 않고 기각하면 사건 당사자는 직접 헌법
   재판소에 법률의 위헌 여부를 심판해달라는 헌법소원을 제기할 수 있다. 이것이 여기
   에서 말하는 제68조 제2항의 위헌심사형 헌법소원으로서 '헌바' 사건이다.

제
2
장

대법원 판례

01. 성공한 쿠데타도 처벌할 수 있는가?

- 대법원 1997. 4. 17. 96도3376 전합

해설

2023년 11월 22일에 개봉한 영화 〈서울의 봄〉은 12·12 군사쿠데타를 다룬 작품으로 1000만 관객을 넘기며 흥행에 크게 성공하였다. 이 영화는 전두환, 노태우가 중심이 된 신군부가 1979년 12월 12일 계엄사령관인 정승화 육군참모총장을 불법 체포한 사건을 모티브로 만든 영화이다. 영화는 전두환을 위시한 신군부가 쿠데타에 성공하는 것으로 끝나지만, 역사는 전두환, 노태우 등 쿠데타의 주범들이 사법부에 의해 반란죄로 처벌되는 것으로 끝이 난다.

본 판례는 12·12 군사쿠데타를 일으킨 전두환, 노태우 등의 신군부를 반란죄로 처벌한 판결이다.

기존 정권을 폭력적으로 전복하고 새로운 정권을 세우는 행위는 '성공하면 혁명, 실패하면 반란'이라는 말이 있듯이 현실 상황에 많은 영향을 받는다. 이 말은 성공하면 단순한 정권 탈취에 불과할지라도 혁명이 되는 것이고, 실패하면 국민의 새로운 변화의 요구를 반영했더라도 반란이 된다는 것이다. 혁명과 반란의 내용적 차이는 무시되고, 성공 여부만 중요해지는 것이다. 이 말대로 전두환, 노태우의 12·12 군사쿠데타는 성공했고, 전두환, 노태우가 대통령으로 있을 때는 감히 이 사건을 반란으로 부르지 못했다. 그러나 이들이 퇴임하고 김영삼 정부가 들어서자 이들은 결국 법의 심판대에 올라 반란군으로 단죄되고 전두환은 제1심 판결에서 사형을 선고받았다. 성공한 쿠데타가 반란이 된 것이다. 역사의 심판은 준엄하다. 역사는 이들의 행위를 국민의 시대적 변화 요구를 받들고 혁명을 감행한 것으로 보지 않고, 군인으로서의 본분을 망각하고 공적 지위를 사유화해서 정권 탈취에 나선 반란 행위로 본 것이다.

이 판례는 1997년 4월 17일에 대법원이 선고한 전원합의체 판결이다. '96도3376'은 1996년에 접수된 '도' 사건 중 3376번째 사건이라는 뜻이다. 이 판례의 사건 부호 '도'는 '형사상고 사건'이라는 의미이다. 이 판례의 사실관계를 요약하면 다음과 같다.

1979년 10월 26일 박정희 대통령이 김재규 중앙정보부장에 의해 암살당하자 대한민국 정부는 국무총리 최규하를 대통령 권한대행으로 임명하고 제주도를 제외한 전국에 비상계엄령을 선포했다. 10월 27일 계엄사령관에 육군참모총장 정승화가, 대통령 암살사건을 수사하는 계엄사령부내 합동수사본부장에 보안사령관 전두환이 취임했다. 통일주체국민회의 선거에 의해 제10대 대통령에 당선된 최규하는 12월 7일 0시 대통령 취임 직후 긴급조치 제9호를 해제하면서 민주적인 헌법으로 개정을 약속했다. 하지만 12월 12일 전두환, 노태우 등 하나회가 중심이 된 신군부는 수사 명목으로 계엄사령관인 정승화 육군참모총장을 강제 연행하고, 그 과정에서 저항한 장태완 수도경비사령관, 정병주 특전사령관 등을 체포하여 군 주도권을 장악했다.

이듬해인 1980년에는 이른바 '서울의 봄'이라고 하는 시기가 찾아왔다. 민주공화당, 신민당, 그리고 정부는 유신체제를 끝낼 개헌을 연내에 할 것에 합의했다. 그러나 5월 17일 무장 군인들이 배치된 공포 분위기 속에서 확대국무회의가 열렸고 제주도를 포함시키는 전국 비상계엄 선포를 의결하여, 최규하 대통령은 5월 17일 24시를 기해 비상계엄을 전국으로 확대하였다. 제주도까지 계엄령을 선포함으로써 지역 계엄이 전국 계엄으로 확대되고 계엄지휘체계는 국방부 장관이 배제되고 계엄사령관이 대통령의 직속으로 바뀌었다. 당시 대통령 최규하와 계엄사령관 이희성은 모두 허수아비에 불과하였으며 정부의 실권을 신군부가 완전히 장악하게 되었다. 5월 18일, 5·17

계엄확대조치에 반발하는 광주 시민들의 저항이 5월 27일까지 전개되었으나, 군에 의해 유혈 진압되었다.

최규하가 8월 16일 대통령직을 사임하자 8월 27일 유신헌법에 따라 통일주체국민회의에서 실시된 간접선거에서 전두환이 당선되어 9월 1일 제11대 대통령에 취임하였다. 그리고 1981년 2월 25일 5공화국 헌법에 따라 선거인단의 간접선거로 실시된 선거에서 역시 전두환이 당선되어 3월 3일 제12대 대통령에 취임하였다. 그리고 1987년 6월 항쟁의 성과로 탄생한 6공화국 헌법에 따라 1987년 12월 16일 실시된 대통령 직접선거에서 김대중, 김영삼 등 유력 대권주자의 야권 분열로 인해 노태우가 당선되어 1988년 2월 25일 제13대 대통령에 취임하였다.

1995년 검사는 전두환, 노태우 등을 반란, 내란 등의 혐의로 기소하였다. 제1심법원은 전두환에게 사형 및 추징금 2,295억 5천만원을, 노태우에게 징역 22년 6월 및 추징금 2,205억원을 선고하고, 나머지 피고인들에게도 유죄 판결을 하였다. 피고인들은 항소하였고, 제2심법원은 전두환에게 무기징역 및 추징금 2,388억 9천6백만원, 노태우에게 징역 17년 및 추징금 2,628억 9천6백만원을 선고하고, 나머지 피고인들에 대해서도 역시 유죄를 인정하였다. 피고인들은 상고하였지만, 대법원은 이들의 상고를 기각하였다.

본 판례에서는 성공한 쿠데타를 처벌할 수 있느냐가 하나의 쟁점이 되었다. 대법원 다수 의견은 성공한 쿠데타라도 처벌할 수 있다는 입장이었고, 대법관 1인의 반대 의견은 처벌할 수 없다는 입장을 취하였다.

사견으로는 성공한 쿠데타라도 처벌할 수 있다는 대법원 다수 의견의 입장이 타당해 보인다. 사실 성공한 쿠데타를 처벌할 수 있느냐는 쿠데타 세력이 통치권을 장악해버렸는데 어떻게 쿠데타 세력을 처벌할 수 있느냐의 문제이다. 즉 당위(Sollen)의 문제라기보다 사실(Sein)의 문제이다. 쿠데타 세력이 통치권을 장악한 이후 정권이 교체되어 쿠데타 세력을 처벌할 수 있는 상황이 되고, 국민적 컨센서스(consensus, 사회 구성원의 이해 혹은 합의)가 성공한 쿠데타였더라도 법의 심판을 받아야 한다는 데로 모아졌다면,[08] 법원이 구태여 성공한 쿠데타는 처벌할 수 없다는 사실명제를 당위명제로 끌어들여 심판을 거부하는 것은 법원의 소명을 외면하는 것이고 정의의 요구에도 합치되지 않는다.

---

08 보통 국회에서 쿠데타를 처벌하는 특별법을 입법하는 형태로 국민적 합의가 표현될 것이다. 그러나 그러한 입법이 없더라도 광범한 국민적 처벌 여론과 고소, 고발이 있고, 이에 부응하여 검사가 기존 형법에 따라 기소하여 법원의 심판을 받게 하는 형태로 구체화될 수도 있다.

1) 대법원 다수 의견

위 피고인들의 변호인들은 이 사건 피고인들에 대한 공소 사실이 반란과 내란에 해당한다고 하더라도, 피고인들이 그러한 반란과 내란의 과정을 거쳐 확고히 정권을 장악하고 헌법개정 절차 등을 통하여 구법질서를 무너뜨리고 새로운 법질서를 수립하는 데에 성공하였으니 피고인들의 행위를 새로운 법질서 아래에서는 처벌할 수 없는 것이라고 주장한다.

생각건대, 우리나라는 제헌헌법의 제정을 통하여 국민주권주의, 자유민주주의, 국민의 기본권 보장, 법치주의 등을 국가의 근본이념 및 기본원리로 하는 헌법질서를 수립한 이래 여러 차례에 걸친 헌법 개정이 있었으나, 지금까지 한결같이 위 헌법질서를 그대로 유지하여 오고 있는 터이므로, 피고인들이 공소 사실과 같이 이 사건 군사반란과 내란을 통하여 폭력으로 헌법에 의하여 설치된 국가기관의 권능 행사를 사실상 불가능하게 하고 정권을 장악한 후 국민투표를 거쳐 헌법을 개정하고 개정된 헌법에 따라 국가를 통치하여 왔다고 하더라도 피고인들이 이 사건 군사반란과 내란을 통하여 새로운 법질서를 수립한 것이라고 할 수는 없다. 우리나라의 헌법질서 아래에서는 헌법에 정한 민주적 절차에 의하지 아니하고 폭력에 의하여 헌법기관의 권능 행사를 불가능하게 하거나 정권을 장악하는 행위는 어떠한 경우에도 용인될 수 없는 것이다. 그러므로 피고인들이 내세우는 바와 같이 새로운 법질서를 수립하였음을 전제로 한 주장은 받아들일 수 없다.

다만 피고인 전두환 등이 이 사건 내란을 통하여 정권을 장악한 다음 헌법을 개정하고 그 헌법에 따라 피고인 전두환이 대통령에 선출되어 대통령으로서의 직무를 행하였고, 다시 그 헌법에 정한 절차에 따라 헌법을 개정하고 그 개정된 헌법(현행 헌법)에 따라 피고인 노태우가 대통령에 선출되어 그 임기를 마치는 등 그 동안에 있었던 일련의 사실에 비추어 마치 피고인들이 새로운 법질서를 형성하였고 나아가 피고인들의 기왕의 행위에 대하여 이를 처벌하지 아니하기로 하는 국민의 합의가 이루어졌던 것처럼 보일 여지가 없지 아니하나, 국회는 헌정질서 파괴범죄에 대하여 형사소송법상의 공소시효의 적용을 전면적으로 배제하는 「헌정질서 파괴범죄의 공소시효 등에 관한 특례법」(약칭 '헌정질서파괴범죄특례법')과 바로 그 헌정질서 파괴범죄에 해당하는 이 사건 군사반란과 내란 행위를 단죄하기 위한 「5·18민주화운동 등에 관한 특별법」(약칭 '5·18특별법')을 제정하였으며, 헌법재판소는 5·18특별법이 합헌이라는 결정을 함으로써, 피고인들이 이 사건 군사반란과 내란을 통하여 새로운 법질서를 수립한 것이 아님을 분명히 하였다.

그뿐만 아니라, 헌법 개정 과정에서 피고인들의 행위를 불문에 붙이기로 하는 어떠한 명시적인 합의도 이루어진 바가 없었으므로, 특별법이 제정되고 그에 대한 헌법재판소의 합헌 결정이 내려진 이상, 피고인들은 그들의 정권 장악에도 불구하고, 결코 새로운 법질서의 수립이라는 이유나 국민의 합의를 내세워 그 형사 책임을 면할 수는 없는 것이라고 할 것이다.

2) 대법관 박만호의 반대 의견

기록에 의하면, 피고인들이 이 사건 군사반란 및 내란 행위에 의하여 군권 및 정권을 사실상 장악하고 이를 토대로 하여, 피고인 전두환이 1980.9.1. 대통령에 취임한 다음, 1980.9.29. 구 정치질서로부터 결별하고 새로운 정치질서를 형성하기 위하여 정당을 해산하고 국회를 새로 구성하며 대통령도 새로 선출할 것 등을 내용으로 하는 헌법의 전문 개정안을 제안하여, 그 개정안이 국민투표를 거쳐 제5공화국의 헌법으로 확정되고 1980.10.27. 대통령이 이를 공포함으로써 그날부터 발효하게 된 사실, 제5공화국 헌법에 따른 절차에 의하여 피고인 전두환이 대통령으로 당선되어 1981.3.3. 그 직에 취임하고, 그 직후 실시된 국회의원 선거에서 피고인 등이 주도하여 창당한 정당이 국회의 다수 의석을 차지한 이래, 그들을 중심으로 한 정치세력이 통치권의 중추를 담당하여 국정을 운영하여 왔고, 피고인 전두환은 대통령으로서의 임기를 마치고 퇴임하였으며, 다시 국회의 의결과 국민투표를 거쳐 1987.10.29. 전문 개정된 현행 헌법에 따른 대통령 직접선거에서 피고인 노태우가 대통령에 당선되어 5년의 임기를 마치고 퇴임하였고, 다른 피고인들도 그동안 대부분 정부의 각료나 국회의원으로 종사한 사실 등을 인정할 수 있다.

위와 같이 헌법상 통치체제의 권력구조를 변혁하고 대통령, 국회 등 통치권의 중추인 국가기관을 새로 구성하거나 선출하는 내용의 헌법 개정이 국민투표를 거쳐 이루어지고 그 개정 헌법에 의하여 대통령이 새로 선출되고 국회가 새로 구성되는 등 통치권의 담당자가 교체되었다면, 이는 과거의 헌정질서와는 단절된 제5공화국의 새로운 헌정질서가 출발하였고 국민이 이를 수용하였음을 의미한다고 할 것인바, 피고인들의 이 사건 군사반란 및 내란 행위는 국가의 정치적 변혁과정에서 국민이 수용한 새로운 헌정질서를 형성하는 데에 기초가 되었다고 보지 않을 수 없다.

그렇다면 피고인들의 이 사건 군사반란 및 내란 행위는 국가의 헌정질서의 변혁을 가져온 고도의 정치적 행위라고 할 것인바, 위와 같이 헌정질서 변혁의 기초가 된 고도의 정치적 행위에 대하여 법적 책임을 물을 수 있는지 또는 그 정치적 행위가 사후에 정당화되었는지 여부의 문제는 국가 사회 내에서 정치적 과정을 거쳐 해결되어야 할 정치적·도덕적 문제를 불러일으키는 것으로서 그 본래의 성격상 정치적 책임을 지지 않는 법원이 사법적으로 심사하기에는 부적합한 것이고, 주권자인 국민의 정치적 의사형성과정을 통하여 해결하는 것이 가장 바람직하다 할 것이다.

현대 법치주의의 원리는 원칙적으로 국가 사회 구성원의 모든 행위에 대하여 법원이 그 합법성 여부를 심사할 것을 요청받고 있기는 하나, 그렇다고 해서 반드시 모든 행위가 사법적 심사의 대상이 되어야만 하는 것을 의미하지는 않는다. 법원은 구체적인 사안에 따라서는 당해 행위가 가지는 정치적 측면과 법적 측면을 비교하고 그 행위에 대한 규범적 통제의 정도 및 사법제도의 본질적 특성을 감안하여 무엇보다도 그 행위에 대한 사법심사가 국가 사회에 미치는 영향을 고려하여 사법심사를 자제하여야 하는 경우가 있는 것이다. 이 사건의 경우가 그러한 경우에 해당한다고 할 것이다.

그러므로 이 사건 군사반란 및 내란 행위가 비록 형식적으로는 범죄를 구성한다고 할지라도 그 책임 문제는 국가 사회의 평화와 정의의 실현을 위하여 움직이는 국민의 정치적 통합과정을 통하여 해결되어야 하는 고도의 정치문제로서, 이에 대하여는 이미 이를 수용하는 방향으로 여러 번에 걸친 국민의 정치적 판단과 결정이 형성되어 온 마당에 이제 와서 법원이 새삼 사법심사의 일환으로 그 죄책 여부를 가리기에는 적합하지 아니한 문제라 할 것이므로, 법원으로서는 이에 대한 재판권을 행사할 수 없다고 보아야 할 것이다.

02. 성전환자의 법적인 성 변경은 가능한가?

- 대법원 2006. 6. 22. 2004스42 전합

해설

성(性)은 생물학적인 성(sex), 사회적 성(gender), 그리고 법률적 성으로 구분할 수 있다. 생물학적인 성은 성징, 생식기(내부, 외부), 생식기능 등을 통해 결정되고, 사회적 성은 당사자의 인지나 지향, 사회적 역할, 평가를 통해 결정된다. 법률적 성은 법률관계와 공적 행정 등에서 인식되는 성으로 대개 출생 신고를 통해 정해진다.

생물학적 성과 사회적 성은 대체로 일치하며, 일치된 그 성정체성은 그대로 법률적 성이 된다. 그런데 생물학적 성과 사회적 성이 불일치할 경우 법률적 성은 대개 생물학적 성에 따라 정해진다. 왜냐하면 출생 신고를 할 시기는 생물학적 성만을 인식할 수 있고, 사회적 성은 아직 발현되지 않기 때문이다. 시간이

지나면서 점차 발현되고 인식되는 사회적 성이 생물학적 성과 다르더라도 법률적 성은 이미 생물학적 성에 따라 결정된 이후인 것이다. 문제는 생물학적 성에 따라 법률적 성이 정해진 후에 사회적 성이 발현되어 생물학적 성과 불일치하는 경우 본인에게 성(性) 선택권을 인정할 것이냐이다. 성(性) 불변의 원칙을 고수하면 사회적 성은 생물학적 성에 억압될 것이다. 반면 생물학적 성이 이후 사회적 성과 불일치할 경우 새롭게 성을 변경할 수 있게 한다면 당사자의 성(性) 선택권은 보장되겠지만 이미 형성된 법률적 관계 등에는 혼란이 생길 것이다.

이 판례는 2006년 6월 22일자 대법원 전원합의체 결정이다. '2004스42'이므로 2004년에 접수된 '스' 사건 중 42번째 사건이다. '스' 사건은 가사재항고사건이다. 가사 사건의 부호는 1심단독사건은 '드단', 1심합의사건은 '드합', '판결에 대한 불복'인 가사 항소는 '르', 가사 상고는 '므'를 부여한다. 그리고 '결정이나 명령에 대한 불복'인 가사 항고는 '브'라는 사건 부호를 부여하고, 가사 재항고는 '스'라는 사건 부호를 부여하는 것이다. 이 판례의 사실관계는 아래와 같다.

갑(甲)은 1951년 ○월 ○일 A와 B 사이의 맏딸로 태어나, A의 출생 신고에 따라 호적상 이름은 '○○'으로, 성별은 '여(女)'로 기재되어 있으며, A가 1979년 ○월 ○일 사망한 후 맏아들인 C가 호주를 상속하여 당시 호적등본상 호주와의 관계란에

는 '호주의 누이'로 기재되어 있다. 갑은 어려서부터 자신의 성
(性)이 여성이 아니라 남성이라는 성주체성이 형성되면서, 남
성처럼 행동하며 살았는데, 1992년경에는 성전환수술을 마쳐
정신적으로나 육체적으로 남성으로 거듭 태어나게 되었다. 갑
은 법률상 혼인한 경력이 없고 여성으로서 자녀를 출산한 경험
도 없으며, 성전환수술 후 여성을 만나 현재까지 동거하고 있
지만 남성으로서의 생식 기능은 존재하지 않는다.

갑은 가정이나 사회에서 완전한 남성으로 인정받고 살아갈
수 있도록 성별란의 '여(女)'를 '남(男)'으로, 호주와의 관계란
'누이'를 '형'으로 각 정정 신청을 하고, 더불어 이름도 여성적
인 이름 '○○'에서 남성적인 이름 '△△'로 개명 신청을 하였
다. 법원은 신청에 대하여 불허가 결정을 하였다. 갑은 법원의
결정에 불복하여 항고하였다. 항고 법원은 항고를 기각하였다.
갑은 대법원에 재항고하였고, 대법원은 갑의 신청이 정당하다
고 보아 원심법원(항고법원)의 결정을 파기하고 사건을 원심법
원에 환송했다.

이 판례의 경우 생물학적 성에 따라 정해진 법률적 성을 이
후 사회적 성의 변화에 따라 변경할 수 있는 제도가 마련되어
있지 않은 상태에서, 호적법 제120조[09]에 규정된 호적 정정 절

---

09   호적제도가 폐지된 이후 「가족관계의 등록 등에 관한 법률」 제18조(등록부의 정정)가
     동 조항과 같은 내용의 조항이다.

차를 통해 법률적 성을 변경할 수 있느냐가 문제 되었다. 대법원 다수 의견은 호적법 제120조의 호적 정정 절차를 통해 성 변경을 허용할 수 있다는 것이고, 대법관 2인의 반대 의견은 허용할 수 없다는 입장을 취하였다.

사견으로는 대법원 다수 의견과 같이 호적 정정 절차를 통해서라도 성 변경을 허용하는 것이 필요하다고 본다. 대법원의 다수 의견과 반대 의견의 논쟁은 호적 정정 절차가 담을 수 있는 절차의 한계를 논하는 것처럼 보이지만, 사실은 생물학적 성(性)이 사회적 평가와 성전환 수술을 통한 생식기의 변화를 이유로 변경될 수 있는 것이냐라는 보다 본질적인(그리고 윤리적이고 종교적인) 쟁점을 내포하고 있다. 이러한 변경을 인정해야 한다는 입장은 기존 절차(호적 정정 절차)를 최대한 넓게 해석해서 필요에 맞춰 활용하면 된다는 것인 반면, 이러한 변경에 부정적인 입장은 절차의 미비(어쨌든 사후적 성 변경 절차는 존재하지 않는다)를 이유로 변경을 사실상 차단하려고 하는 것이다.

성(性) 선택권은 개인의 정체성 중 핵심에 해당하는 성(性)을 결정하고 선택하는 자유이다. 그리고 성 선택권을 포함한 정체성 결정의 자유는 인간 존엄성의 관점에서 최대한 보장되어야 한다. 그래서 이러한 자유를 최대한 보장하기 위해 성 변경 절차 관련 입법 활동은 그것대로 하더라도, 그것이 입법되기 전에는 호적 정정 절차(성 정정 절차)를 성 변경을 위한 절차로 활용할 수 있을 것이다.

1) 대법원 다수 의견

종래에는 사람의 성을 성염색체와 이에 따른 생식기·성기 등 생물학적인 요소에 따라 결정하여 왔으나 근래에 와서는 생물학적인 요소뿐 아니라 개인이 스스로 인식하는 남성 또는 여성으로의 귀속감 및 개인이 남성 또는 여성으로서 적합하다고 사회적으로 승인된 행동·태도·성격적 특징 등의 성 역할을 수행하는 측면, 즉 정신적·사회적 요소들 역시 사람의 성을 결정하는 요소 중의 하나로 인정받게 되었으므로, 성의 결정에 있어 생물학적 요소와 정신적·사회적 요소를 종합적으로 고려하여야 한다.

성전환증을 가진 사람의 경우에도, 남성 또는 여성 중 어느 한쪽의 성염색체를 보유하고 있고 그 염색체와 일치하는 생식기와 성기가 형성·발달되어 출생하지만 출생 당시에는 아직 그 사람의 정신적·사회적인 의미에서의 성을 인지할 수 없으므로, 사회통념상 그 출생 당시에는 생물학적인 신체적 성징에 따라 법률적인 성이 평가될 것이다.

그러나 출생 후의 성장에 따라 일관되게 출생 당시의 생물학적인 성에 대한 불일치감 및 위화감·혐오감을 갖고 반대의 성에 귀속감을 느끼면서 반대의 성으로서의 역할을 수행하며 성기를 포함한 신체 외관 역시 반대의 성으로서 형성하기를 강력히 원하여, 정신과적으로 성전환증의 진단을 받고 상당 기간 정신과적 치료나 호르몬 치료 등을 실시하여도 여전히 위 증세가 치유되지 않고 반대의 성에 대한 정신적·사회적 적응이 이루어짐에 따라 일반적인 의학적 기준에 의하여 성전환 수술을 받고 반대 성으로서의 외부 성기를 비롯한 신체를 갖추고, 나아가 전환된 신체에 따른 성을 가진 사람으로서 만족감을 느끼고 공고한 성정체성의 인식 아래 그 성에 맞춘 의복, 두발 등의 외관을 하고 성관계 등 개인적인 영역 및 직업 등 사회적인 영역에서 모두 전환된 성으로서의 역할을 수행함으로써 주위 사람들로부터도 그 성으로서 인식되고 있으며, 전환된 성을 그 사람의 성이라고 보더라도 다른 사람들과의 신분관계에 중대한 변동을 초래하거나 사회에 부정적인 영향을 주지 아니하여 사회적으로 허용된다고 볼 수 있다면, 이러한 여러 사정을 종합적으로 고려하여 사람의 성에 대한 평가 기준에 비추어 사회통념상 신체적으로 전환된 성을 갖추고 있다고 인정될 수 있는 경우가 있다 할 것이며, 이와 같은 성전환자는 출생시와는 달리 전환된 성이 법률적으로도 그 성전환자의 성이라고 평가받을 수 있을 것이다.

성전환자의 경우에는 출생시의 성과 현재 법률적으로 평가되는 성이 달라, 성에 관한 호적의 기재가 현재의 진정한 신분관계를 공시하지 못하게 되므로, 현재 법률적으로 평가되는 성이 호적에 반영되어야 한다.

현행 호적법에는 출생시 호적에 기재된 성별란의 기재를 위와 같이 전환된 성에 따라 수정하기 위한 절차 규정이 따로 마련되어 있지 않다.

그러나 진정한 신분관계가 호적에 기재되어야 한다는 호적의 기본원칙과 아울러, 첫째 성전환자도 인간으로서의 존엄과 가치를 향유하며 행복을 추구할 권리와 인간다운 생활을할 권리가 있고 이러한 권리들은 질서유지나 공공복리에 반하지 아니하는 한 마땅히 보호받아야 한다는 점, 둘째 호적법이성전환자의 호적상 성별란 기재를 수정하는 절차 규정을 두지 않은 이유는 입법자가 이를 허용하지 않기 때문이 아니라입법 당시에는 미처 그 가능성과 필요성을 상정하지 못하였기 때문이라는 점, 셋째 호적법 제120조에 의한 호적 정정 사유 중 호적의 기재가 법률상 허용될 수 없는 경우를 해석함에있어서 호적 기재 후의 법령의 변경 등 사정의 변경에 의하여법률상 허용될 수 없음이 명백하게 된 경우를 반드시 배제하여야 할 필요가 있다고 보기 어려울 뿐 아니라, 호적법 제120조에 의한 호적 정정 절차를 둔 근본적인 취지가 호적의 기재가 부적법하거나 진실에 반하는 것이 명백한 경우에 그 기재내용을 판결에 의하지 아니하고 간이한 절차에 의하여 사실에부합하도록 수정할 수 있도록 함에 있다는 점을 함께 참작하여 볼 때, 구체적인 사안을 심리한 결과 성전환자에 해당함이명백하다고 증명되는 경우에는 호적법 제120조의 절차에 따라 그 전환된 성과 호적의 성별란 기재를 일치시킴으로써 호적 기재가 진정한 신분관계를 반영할 수 있도록 하는 것이 호적법 제120조의 입법 취지에 합치되는 합리적인 해석이라는 점을 종합하여 보면, 성전환자에 해당함이 명백한 사람에 대하여는 호적 정정에 관한 호적법 제120조의 절차에 따라 호적의 성별란 기재의 성을 전환된 성에 부합하도록 수정할 수 있도록 허용함이 상당하다.

2) 대법관 손지열, 박재윤의 반대 의견

호적법 제120조에 규정된 '착오', '호적의 정정'이라는 문구 등은 그 객관적 의미와 내용이 명확하여 해석상 의문의 여지가 없고, 호적법을 제정할 당시의 입법 취지도 그 내용이 처음 호적에 기재된 시점부터 존재하는 착오나 유루(遺漏)를 정정하고자 하는 것으로서 만일 호적 기재가 기재 당시의 진정한 신분관계에 부합되게 적법하게 이루어졌다면 정정의 대상이 될 수 없는 것이었음이 명백하므로, 다수 의견의 견해는 호적법 제120조에 대한 문리 해석이나 입법 취지 등과는 관계없이, 객관적으로 명백한 호적법 제120조의 규정 내용에 일부 내용을 추가·제거 또는 변경하는 것과 동일한 효과를 가져오는 것으로서 정당한 유추 해석의 한계를 벗어나는 것이다.

사람이 출생 신고 당시에 어떠한 성을 가지고 있었는지 여부를 확인하는 호적 정정과는 달리, 출생 신고 이후의 사정 변경을 이유로 하여 다른 성으로의 실질적 변경을 허용하는 문제는 새로운 신분관계의 창설 내지 변경과 이에 따른 법률관계의 변동을 수반하므로 성의 변경이 허용되는지 여부 및 그 요건과 절차는 호적법이 아닌 다른 법률에서 합목적적인 고려에 따라 상세하게 정하여야 하고, 그 요건과 절차 등에 따라 성 변경의 효력이 발생된 경우에 비로소 이를 대외적으로 확인하고 공시하는 취지에서 신고 절차를 거쳐 호적에 기재되어야 한다.

이와 달리, 성의 변경의 요건이나 절차 등에 관한 근거 법률이 전혀 없는 상태에서 단순히 호적 정정 절차를 통하여 성의 변경을 허용한다는 것은 신분관계를 공시하는 기능만이 부여된 호적 제도 본래의 목적과 기능을 크게 벗어나는 것이다. 한편, 다수 의견과 같이 해석을 하는 것이 과연 새로운 사회현상으로 대두된 성전환증에 관한 문제의 해결이나 그와 같은 문제로 고통 받는 당사자들의 구제를 위하여 적절하고, 효과적인 것이라고 볼 수도 없다.

현 단계에서 법원으로서는 이 사건과 같은 사안에서 당사자의 성을 적절한 기준에 따라서 변경할 수 있는 법적·제도적인 보완이 절실하다는 점을 충분히 지적하면서, 현행 호적법 제120조의 호적 정정의 방법으로는 이 문제를 해결할 수 없다는 점을 선언하고, 국민의 대의기관인 국회가 사회적 여론을 수렴하여 구체적인 요건과 절차, 효과 등을 담은 입법 조치를 하기를 강력히 촉구함으로써 당사자들에게 근본적이고 효과적인 구제가 가능한 여건을 조성하는 데에 일조하는 것이 더욱 중요하다. 결론적으로 성전환자에 대하여 호적법 제120조의 호적 정정 절차에 따라 호적상 성별란을 정정하는 것은 허용될 수 없다.

03. 건축 신고에 대해 행정청이 수리를 거부할 수 있는가?

- 대법원 2011. 1. 20. 2010두14954 전합

해설

통상 행정 규제의 형식으로 신고제와 허가제가 있다. 행정 규제를 완화하고자 할 경우 신고제로 하여 당사자들은 신고만 하고 행정청은 신고를 통해 접수된 내용을 행정적으로 관리한다. 이 경우 행위에 대한 행정청의 별도의 심사[10]나 규제는 없고 당사자에게는 단지 적법한 형식을 갖춘 신고서를 작성해서 제출해야 하는 부담만 있을 뿐이다. 그러나 허가제의 경우에는 적법한 형식을 갖춘 신청서를 제출해야 함은 물론이고, 행정청도 신청 내용이 법에 정해진 요건에 부합하는지 심사하여 허가 여부를 결정한다. 그런데 본 판례의 경우처럼 신고에 대하여

---

10 신고 주체, 신고 기간, 신고 서식, 구비 서류 등 형식적 요건을 갖추었는지는 당연히 심사하나, 신고 내용에 대한 실체적 심사는 하지 않는다.

행정청이 실체적 이유를 적시하면서 수리를 거부하는 경우 법적 논란이 생긴다. 즉 그러한 수리가 적법한 것인가와 그러한 수리가 적법하다면 신고와 허가의 구별은 어떻게 되는가와 같은 법이론적 논쟁이 벌어지는 것이다.

이 판례는 대법원이 2011년 1월 20일 선고한 전원합의체 판결이다. '2010두14954'이므로 2010년에 접수된 '두' 사건 중 14954번째 사건이다. 이 사건의 부호는 '두'이므로 '행정상고사건'이다. 본 판례의 사실관계는 다음과 같다.

경기도 용인시 기흥구 M동 OO번지 대지 110㎡는 원래 A 소유의 토지였는데, 갑(甲)이 낙찰 받아 소유자가 되었다. 갑은 2009. 3. 3.경 기흥구청장에게 이 사건 토지 위에 연면적 합계 29.15㎡인 건물 2동을 건축한다는 내용의 건축 신고를 하였다. 기흥구청장은 2009. 3. 6. '이 사건 토지는 1991. 7. 24. 인접 토지인 M동 △△번지 건축물 신축 허가시 당시 소유자 A로부터 토지의 사용 승낙을 득하여 현재까지 현황 도로로 사용하고 있는 토지이며, 타 부지로 진입이 불가한 상태로서 건축법 제2조 제1항 제12호 규정에 의한 현황 도로로 인정된 부지에 건축물이 건축될 경우 기존 건축물로의 진출입이 차단되므로 건축 신고 불가함'이라는 이유로 위 건축 신고 수리가 불가하다고 통보하였다.

갑은 자신이 신축하고자 하는 건축물은 '연면적의 합계가

100㎡ 이하의 건축물'로서 건축법상 건축 허가를 받을 필요 없이 단순한 건축 신고의 대상에 불과한바, 기흥구청장은 건축 신고가 있는 경우에는 그 실체적인 요건을 심사함이 없이 이를 당연히 수리하여야 함에도 이 사건 토지가 인근 주민의 통행로로 사용되는 사실상의 도로라는 이유로 건축 신고의 수리가 불가하다고 한 것은 위법하다고 주장하며 기흥구청장을 상대로 행정소송(취소소송)을 제기하였다.

제1심법원은 갑의 청구를 기각하였다. 갑은 항소하였으나, 제2심법원(원심법원)도 제1심법원의 판결이 정당하다고 보아 항소를 기각하였다. 갑은 대법원에 상고하였으나, 대법원 역시 상고를 기각하였다.

본 판례는 당사자의 건축 신고에 대해 행정청이 실체적 이유를 적시하며 수리를 거부한 사안이다. 그래서 행정청의 이러한 행위가 '신고제의 취지에 부합하는가'가 문제되었다. 본 판례에서의 신고는 신고가 적법하게 행해진 경우 다른 법률의 관련 인허가도 모두 받은 것으로 의제(본질은 같지 않지만 법률에서 다룰 때는 동일한 것으로 처리하여 동일한 효과를 주는 일)되는 신고였다.[11] 인허가가 의제되는 신고의 경우에는 신고만으로 다른 인허가도 받은 것으로 의제하기 때문에 그 신고의 성질을 사실상

---

11 '인허가가 의제되는 신고', '인허가의제 있는 신고', '인허가의제가 수반되는 신고', 또는 '집중효 있는 신고' 등 여러 가지로 불리고 있다.

허가로 보아 허가에서처럼 '실체적 이유를 붙여 수리를 거부할 수 있는 것이 아닌가'가 문제되는 것이다.

대법원 다수 의견은, 행정청은 실체적 이유를 붙여 수리를 거부할 수 있다고 보았다. 그러나 대법관 2인의 반대 의견은 실체적 이유를 붙여 수리를 거부할 수 없다는 입장이다.

사견으로는 신고의 경우 행정청이 실체적(내용상) 이유를 제시하며 수리 거부를 할 수는 없다고 본다. 그렇게 보는 것이 신고제의 본질에 충실한 해석이다. 그리고 그러한 해석은 신고에 다른 법률상 인허가를 의제하는 효과를 부여하는 집중효 있는 신고에도 동일하게 적용해야 한다. 집중효 있는 신고에 실체적 이유에 의한 불수리를 인정하지 않게 되면 다른 법률의 인허가 심사가 배제되는 효과가 있다는 문제점은 입법론에서 고려할 부분이다. 즉 입법론으로는 건축 신고에는 다른 법률의 인허가를 의제하는 규정을 삭제하는 법률 개정을 하든지 아니면, 인허가를 의제하는 건축 신고는 일반의 건축 신고와 달리 다른 법률의 인허가 요건을 심사하여 수리를 거부할 수 있다는 내용을 건축법에 새로 추가하는 개정을 하는 것이 바람직할 것이다. 하지만 해석론에서는 건축법에서 다른 법률의 인허가를 의제하는 건축 신고는 허가와 같이 다른 법률이 규정한 인허가요건 등에 부합하는지 심사하여 수리를 거부할 수 있다고 규정하지 않은 이상 신고의 본질에 맞게 실체적 이유에 의한 불수리는 허용될 수 없다고 해석해야 한다.

1) 대법원 다수 의견

건축법에서 인·허가의제 제도를 둔 취지는, 인·허가의제 사항과 관련하여 건축 허가 또는 건축 신고의 관할 행정청으로 그 창구를 단일화하고 절차를 간소화하며 비용과 시간을 절감함으로써 국민의 권익을 보호하려는 것이지, 인·허가의제 사항 관련 법률에 따른 각각의 인·허가 요건에 관한 일체의 심사를 배제하려는 것으로 보기는 어렵다. 왜냐하면, 건축법과 인·허가의제 사항 관련 법률은 각기 고유한 목적이 있고, 건축 신고와 인·허가의제 사항도 각각 별개의 제도적 취지가 있으며 그 요건 또한 달리하기 때문이다. 나아가 인·허가의제 사항 관련 법률에 규정된 요건 중 상당수는 공익에 관한 것으로서 행정청의 전문적이고 종합적인 심사가 요구되는데, 만약 건축 신고만으로 인·허가의제 사항에 관한 일체의 요건 심사가 배제된다고 한다면, 중대한 공익상의 침해나 이해관계인의 피해를 야기하고 관련 법률에서 인·허가 제도를 통하여 사인의 행위를 사전에 감독하고자 하는 규율체계 전반을 무너뜨릴 우려가 있다.

또한 무엇보다도 건축 신고를 하려는 자는 인·허가의제 사항 관련 법령에서 제출하도록 의무화하고 있는 신청서와 구비서류를 제출하여야 하는데, 이는 건축 신고를 수리하는 행정청으로 하여금 인·허가의제 사항 관련 법률에 규정된 요건에 관하여도 심사를 하도록 하기 위한 것으로 볼 수밖에 없다. 따라서 인·허가의제 효과를 수반하는 건축 신고는 일반적인 건축 신고와는 달리, 특별한 사정이 없는 한 행정청이 그 실체적 요건에 관한 심사를 한 후 수리하여야 하는 이른바 '수리를 요하는 신고'로 보는 것이 옳다.

일정한 건축물에 관한 건축 신고는 건축법 제14조 제2항, 제11조 제5항 제3호에 의하여 「국토의 계획 및 이용에 관한 법률」 제56조에 따른 개발행위 허가를 받은 것으로 의제되는데, 「국토의 계획 및 이용에 관한 법률」 제58조 제1항 제4호에서는 개발행위 허가의 기준으로 주변 지역의 토지 이용 실태 또는 토지 이용 계획, 건축물의 높이, 토지의 경사도, 수목의 상태, 물의 배수, 하천·호소·습지의 배수 등 주변 환경이나 경관과 조화를 이룰 것을 규정하고 있으므로, 「국토의 계획 및 이용에 관한 법률」상의 개발행위 허가로 의제되는 건축 신고가 위와 같은 기준을 갖추지 못한 경우 행정청으로서는 이를 이유로 그 수리를 거부할 수 있다고 보아야 한다.

2) 대법관 박시환, 이홍훈의 반대 의견

다수 의견과 같은 해석론을 택할 경우 헌법상 기본권 중 하나인 국민의 자유권 보장에 문제는 없는지, 구체적으로 어떠한 경우에 수리가 있어야만 적법한 신고가 되는지 여부에 관한 예측 가능성 등이 충분히 담보될 수 있는지, 형사처벌의 대상이 불필요하게 확대됨에 따른 죄형법정주의 등의 훼손 가능성은 없는지, 국민의 자유와 권리를 제한하거나 의무를 부과하려고 하는 때에는 법률에 의하여야 한다는 법치행정의 원칙에 비추어 그 원칙이 손상되는 문제는 없는지, 신고제의 본질과 취지에 어긋나는 해석론을 통하여 여러 개별법에 산재한 각종 신고 제도에 관한 행정법 이론 구성에 난맥상을 초래할 우려는 없는지의 측면 등에서 심도 있는 검토가 필요한 문제로 보인다.

그런데 다수 의견의 입장을 따르기에는 그와 관련하여 해소하기 어려운 여러 근본적인 의문이 제기된다. 여러 기본적인 법원칙의 근간 및 신고제의 본질과 취지를 훼손하지 아니하는 한도 내에서 건축법 제14조 제2항에 의하여 인·허가가 의제되는 건축 신고의 범위 등을 합리적인 내용으로 개정하는 입법적 해결책을 통하여 현행 건축법에 규정된 건축 신고 제도의 문제점 및 부작용을 해소하는 것은 별론으로 하더라도, '건축법상 신고 사항에 관하여 건축을 하고자 하는 자가 적법한 요건을 갖춘 신고만 하면 건축을 할 수 있고, 행정청의 수리 등 별단의 조처를 기다릴 필요는 없다'는 대법원의 종래 견해(대법원 1968. 4. 30. 68누12, 대법원 2004. 9. 3. 2004도3908 등 참조)를 인·허가가 의제되는 건축 신고의 경우에도 그대로 유지하는 편이 보다 합리적인 선택이라고 여겨진다.

수리란 타인의 행위를 유효한 행위로 받아들이는 수동적 의사 행위를 말하는 것이고, 이는 허가와 명확히 구별되는 것이다. 그런데 다수 의견에 의하면, 행정청이 인·허가의제 조항에 따른 「국토의 계획 및 이용에 관한 법률」상 개발행위 허가 요건 등을 갖추었는지 여부에 관하여 심사를 한 다음, 그 허가 요건을 갖추지 못하였음을 이유로 들어 형식상으로만 수리 거부를 하는 것이 되고, 사실상으로는 허가와 아무런 차이가 없게 된다는 비판을 피할 수 없다. 이러한 결과에 따르면 인·허가의제 조항을 특별히 규정하고 있는 입법 취지가 몰각됨은 물론, 신고와 허가의 본질에 기초하여 건축 신고와 건축 허가 제도를 따로 규정하고 있는 제도적 의미 및 신고제와 허가제 전반에 관한 이론적 틀이 형해화 될 가능성이 있다.

04.　부모도 납치범이 될 수 있는가?

- 대법원 2013. 6. 20. 2010도14328 전합

해설

　흔히 사람(주로 미성년)에 대하여 기망이나 유혹을 수단으로 하여 보호받는 상태나 자유로운 상태로부터 자기 또는 제3자의 실력적 지배하에 옮기는 것을 유인(誘引)[12]이라고 하고, 사람에 대하여 폭행이나 협박을 수단으로 하여 보호받는 상태나 자유로운 상태로부터 자기 또는 제3자의 실력적 지배하에 옮기는 것을 약취(略取)[13]라고 한다.

　자녀에 대한 보호와 양육은 기본적으로 부모의 권한이자 의무이다. 그렇기 때문에 부모의 보호 아래 있는 한 자녀는 유기된 상태가 아니다. 그런데 부모 중 한쪽이 공동 양육권자인 다

12　'유인'은 일상의 언어에서는 '유괴'라는 표현을 사용하기도 한다.
13　'약취'는 일상의 언어에서는 '납치'라는 표현을 사용하기도 한다.

른 쪽의 동의 없이 일방적으로 자신이 지배하는 장소로 자녀를 데리고 간 경우, 이를 약취죄로 처벌할 것인가는 어려운 문제이다.

최근 다문화가정이 늘어나면서 한국 국적의 남성과 외국 국적의 여성 사이에서 출생한 자녀를 (주로) 외국 국적 여성이 자기가 사는 곳이나 자신의 친정으로 자녀를 데려가는 경우가 자주 발생하면서 이러한 문제가 사회문제로 대두되었다.[14] 이러한 행위가 약취죄가 될 것인가는 행위자의 의도를 보고 판단할 것인가, 보호양육권이 배제된 쪽의 권리의 관점에서 볼 것인가 아니면 자녀의 교육, 기타 복리적 관점에서 볼 것인가 등등에 따라 결론이 달라질 것이다. 이 판례는 대법원이 2013년 6월 20일 선고한 형사상고사건에서의 판결이다. 본 판례의 사실관계는 아래와 같다.

베트남 국적의 여성인 갑(甲)은 2006. 2. 16. 을(乙)과 혼인하고 같은 해 4. 30. 입국한 후 2007. 8. 12. 아들 A를 출산하여 천안시에서 거주하며 을과 공동으로 A를 보호·양육하여 왔다. 당시 을은 직장에 다녔고 갑이 A에 대한 양육을 주로 맡아왔

---

14 대개 다문화가정의 경우 외국 국적 여성은 언어나 문화 등의 장벽 때문에 경제활동에 제약이 있어 남성이 경제활동을 하고 여성은 육아나 가사를 전담하는 형태로 성역할이 고정되는 경향이 있다. 그러다 보니 여성이 아이를 보호하고 있는 상태를 장소적으로 변경하는 형태로 사건이 발생한다.

다. 갑은 2008. 8. 30. 을과 다툰 후 약 13개월 된 A를 데리고 친정인 베트남으로 돌아가기로 마음먹었다. 갑은 2008. 9. 3. 을이 직장에 출근한 사이 A를 데리고 집을 나와 항공편으로 출국하여 베트남 친정으로 떠났다. 갑은 A의 양육비를 벌기 위하여 A를 베트남 친정에 맡겨 둔 채 2008. 9. 17. 다시 우리나라에 입국하였고, 그 사이 갑의 부모가 A를 베트남에서 계속 양육하였다. 갑은 2010. 5. 13. 을과 협의하여 갑을 A의 친권자 및 양육자로 정하여 이혼하기로 하고 법원으로부터 그 의사를 확인받았다.

검사는 국외이송약취·피약취자국외이송죄(형법 제288조 제3항)로 갑을 기소하였다. 제1심법원은 무죄를 선고하였고, 검사가 항소하였으나 제2심인 항소 법원도 무죄를 선고한 제1심 판결을 그대로 유지하였다. 이에 검사가 상고하여 제3심인 대법원의 심판을 받게 되었다. 대법원은 원심(제2심)의 판단이 정당하다고 하였다.

본 판례에서는 한국 국적의 남성과 베트남 국적의 여성이 결혼하여 아이를 낳고 살던 중 불화로 베트남 여성이 아이를 데리고 친정인 베트남에 간 것을 아이에 대한 약취죄로 볼 것인가가 문제되었다. 한국 국적 남성의 관점에서 보면 자신의 자녀가 자신의 의사에 반하여 보호와 양육에서 벗어나게 된 것이므로 약취죄를 물을 수 있을 것으로 보인다. 그러나 베트남 국적 여성의 관점에서 보면 자신의 자녀를 보호하고 있는 상태는 동일하고 다만 보호 장소를 옮기거나 신뢰할 수 있는 가족에게 의탁한 것에 불과하다.

대법원 다수 의견은 약취 행위로 볼 수 없다는 입장이고, 대법관 5인의 반대 의견은 약취죄로 처벌할 수 있다는 입장이다.

사견으로는 약취죄가 성립하지 않는다는 대법원 다수 의견이 타당해 보인다. 부부간 갈등으로 부모 중 일방이 타방의 보호양육권을 침해하여 자녀를 자기만의 배타적인 공간으로 데려간 행위는 민법, 기타 법률의 위반 여부는 검토할 수 있을 것이다. 그러나 형법이 규정하는 범죄가 된다고 보기는 어렵다. 형법상 약취란 폭행, 협박 등을 사용하여 피해자의 자유를 빼앗거나 보호받는 상태에서 이탈시켜 약취자가 지배하는 상태로 옮기는 것이다. 부모 중 일방이 배제된 상태이긴 하지만 자녀는 여전히 친권자가 보호하고 있는 상태이고, 일방의 양육권이 배제되는 과정에 폭행, 협박 등도 없었다면 이를 약취죄로 볼 수는 없는 것이다.

그럼에도 이러한 행위가 약취죄가 되는지 논란이 되는 것은 국제결혼을 통해 결혼한 부부 중 일방(특히 외국 여성)이 어린 자녀를 배우자의 동의 없이 자국으로 데려가는 행위가 반복적으로 일어나는데도 거기에 대한 적절한 법률적 대비책이 없다 보니, 무리하게 형법상 약취유인죄로 처벌하려고 시도하기 때문인 것으로 보인다.

1) 대법원 다수 의견

형법 제287조의 미성년자약취죄, 제288조 제3항 전단의 국외이송약취죄 등의 구성 요건 요소로서 약취란 폭행, 협박 또는 불법적인 사실상의 힘을 수단으로 사용하여 피해자를 그 의사에 반하여 자유로운 생활관계 또는 보호관계로부터 이탈시켜 자기 또는 제3자의 사실상 지배하에 옮기는 행위를 의미하고, 구체적 사건에서 어떤 행위가 약취에 해당하는지 여부는 행위의 목적과 의도, 행위 당시의 정황, 행위의 태양과 종류, 수단과 방법, 피해자의 상태 등 관련 사정을 종합하여 판단하여야 한다. 한편 미성년자를 보호·감독하는 사람이라고 하더라도 다른 보호감독자의 보호·양육권을 침해하거나 자신의 보호·양육권을 남용하여 미성년자 본인의 이익을 침해하는 때에는 미성년자에 대한 약취죄의 주체가 될 수 있는데, 그 경우에도 해당 보호감독자에 대하여 약취죄의 성립을 인정할 수 있으려면 그 행위가 위와 같은 의미의 약취에 해당하여야 한다. 그렇지 아니하고 폭행, 협박 또는 불법적인 사실상의 힘을 사용하여 그 미성년자를 평온하던 종전의 보호·양육 상태로부터 이탈시켰다고 볼 수 없는 행위에 대하여까지 다른 보호감독자의 보호·양육권을 침해하였다는 이유로 미성년자에 대한 약취죄의 성립을 긍정하는 것은 형벌 법규의 문언 범위를 벗어나는 해석으로서 죄형법정주의의 원칙에 비추어 허용될 수 없다고 할 것이다.

따라서 부모가 이혼하였거나 별거하는 상황에서 미성년의 자녀를 부모의 일방이 평온하게 보호·양육하고 있는데, 상대방 부모가 폭행, 협박 또는 불법적인 사실상의 힘을 행사하여 그 보호·양육 상태를 깨뜨리고 자녀를 탈취하여 자기 또는 제3자의 사실상 지배하에 옮긴 경우, 그와 같은 행위는 특별한 사정이 없는 한 미성년자에 대한 약취죄를 구성한다고 볼 수 있다.

그러나 이와 달리 미성년의 자녀를 부모가 함께 동거하면서 보호·양육하여 오던 중 부모의 일방이 상대방 부모나 그 자녀에게 어떠한 폭행, 협박이나 불법적인 사실상의 힘을 행사함이 없이 그 자녀를 데리고 종전의 거소를 벗어나 다른 곳으로 옮겨 자녀에 대한 보호·양육을 계속하였다면, 그 행위가 보호·양육권의 남용에 해당한다는 등 특별한 사정이 없는 한 설령 이에 관하여 법원의 결정이나 상대방 부모의 동의를 얻지 아니하였다고 하더라도 그러한 행위에 대하여 곧바로 형법상 미성년자에 대한 약취죄의 성립을 인정할 수는 없다고 할 것이다.

갑(甲)이 A를 데리고 베트남으로 떠난 행위는 어떠한 실력을 행사하여 A를 평온하던 종전의 보호·양육 상태로부터 이탈시킨 것이라기보다 친권자인 모(母)로서 출생 이후 줄곧 맡아왔던 A에 대한 보호·양육을 계속 유지한 행위라고 할 것이고, 이를 폭행, 협박 또는 불법적인 사실상의 힘을 사용하여 A를 자기 또는 제3자의 지배하에 옮긴 약취 행위로 볼 수는 없다고 할 것이다.

2) 대법관 신영철, 김용덕, 고영한, 김창석, 김신의 반대 의견

다수 의견이 약취죄의 성립을 긍정한 행위 유형, 즉 부모 중 일방이 상대방 단독 양육의 자녀를 탈취하여 자신의 지배하에 옮긴 행위와 이 사건과 같이 상대방과 공동 양육하는 자녀를 상대방의 의사에 반하여 자신의 단독 지배하에 옮긴 행위는, 양자 모두 정당한 절차와 방법을 거치지 않고 상대방의 자녀에 대한 보호·양육권을 침해하였다는 점에서 그 본질이 같다. 우리나라가 가입한 「국제적 아동탈취의 민사적 측면에 관한 협약」에서 아동에 대한 부모의 단독 보호·양육 상태를 침해하는 행위와 공동 보호·양육 상태를 침해하는 행위를 모두 불법적인 아동탈취행위로 규정하고 있는 점을 보더라도 위와 같은 행위 유형의 구별은 법률상 큰 의미가 없다.

다수 의견에 따르면 행위태양의 일부 비본질적인 차이점을 들어 두 유형의 행위를 형사법상 완전히 달리 취급하게 되는데, 이러한 결론에는 동의하기 어렵다. 그렇다면, 갑(甲)의 이 사건 행위, 즉 갑이 남편인 을(乙)과 동거하며 공동으로 보호·양육하던 생후 약 13개월 된 유아인 A를 친정인 베트남으로 데려간 행위가 약취 행위에 해당하는지는 오로지 그것이 피해자인 A 본인의 이익을 침해하는지 여부에 달려 있다고 하겠다.

갑이 A를 베트남으로 데려간 행위는 A의 이익을 침해하는 행위로 보기에 충분하다. 공동친권자 중 일방이 정당한 절차와 방법에 따르지 않고 다른 공동친권자의 의사에 반하여 자녀를 데리고 종전의 국내 거주지를 이탈하여 국외로 이전하는 행위는 자녀의 생활관계 또는 보호관계에 중대한 변경을 가져오는 행위로서 그 자녀의 이익을 심히 침해하는 것이라 아니할 수 없다. 왜냐하면, 위와 같은 행위는 부모 쌍방에 의한 공동 보호·양육관계를 부모 일방에 의한 보호·양육관계로 바꾸는 데서 더 나아가 우리 국적을 가진 자녀가 언어, 풍습, 문화, 생활환경 등이 전혀 다른 외국에서 일방 부모의 보호·양육과 국내 일가친척과의 교류에서 완전히 배제된 채 정체성의 극심한 혼란 및 정서적 불안정 등 상당한 정신적·심리적 충격을 겪으면서 성장해야 하는 생활관계 또는 보호관계의 중대한 변경에 해당함이 분명하기 때문이다.

나아가 이 사건에서 다수 의견의 결론이 직장생활을 하는 남편 대신 갑이 자녀를 현실적으로 보호·양육하여 왔다는 사정을 중요하게 고려한 것이라면 여기에는 더욱 동의할 수 없다. 자녀의 보호·양육에 있어 부모의 역할과 책임은 동등하게 평가되어야 하고 어느 한쪽을 우위에 둘 수 없으며, 직업활동을 통하여 자녀의 보호·양육을 위한 경제적 기초를 제공하는 것은 현실적인 육아 활동과 마찬가지로 중요하다. 부모 중 육아를 직접 담당한 사람의 보호·양육권이 상대방의 보호·양육권보다 우위에 있다는 듯한 접근 방식은 양성 평등의 이념과 가치에 따라 부모가 공동으로 자녀에 대한 보호·양육의 권리를 행사하고 그 의무를 이행하도록 한 법정신에 반한다.

부모는 누구라도 자녀를 자신의 전유물로 여겨서는 아니 되고, 자녀의 신체적·인격적 성장과 보호를 위하여 무엇이 최선인지를 자신이 아닌 자녀의 처지에서 살펴보아야 하며, 자녀의 이익을 위해서 자신의 친권이 양보되어야 한다면 이를 감수하는 성숙된 자세가 필요하다. 부모를 공동친권자로 정한 것은 서로 뜻을 모아 자녀의 성장과 보호를 위하여 최선을 다하라는 것이므로, 어느 일방이 상대방의 견해를 무시하고 자신의 의사나 선택만이 자녀를 위한 것이라고 쉽게 단정하여 이를 일방적으로 강요하거나 강제적으로 실현하여서는 아니 된다. 자녀의 양육에 관하여 부모의 의견이 다르다면 서로 협의를 통하여 바람직한 방안을 강구하여야 하고, 협의가 불가능한 경우에는 가정법원의 결정 절차를 통하여 자녀의 권익을 중심으로 부모와 자녀 모두의 이익이 조화된 합리적인 해결 방안을 찾아야 한다.

덧붙여 국제결혼에 의한 다문화가정이 증가함에 따라 앞으로도 이 사건과 유사한 사례가 잇달아 발생할 수 있을 것으로 보이는데, 공동친권자인 부모 중 일방이 정당한 절차와 방법에 반하여 상대방 몰래 자녀를 데리고 출국해버리는 행위를 처벌할 수 없다고 한다면 형사정책적 측면에서도 중대한 문제가 발생할 수 있음을 염려하지 않을 수 없다. 이 사건에서 갑의 행위는 이를 어떻게 평가하더라도 법령이 정한 정당한 절차와 방법에 따르지 아니한 채 우리 국민을 외국으로 데리고 간 위법한 행위라는 점을 부정할 수 없다.

그런데 다수 의견의 결론대로라면 그러한 명백한 위법 행위를 제지할 아무런 법률상 방도가 없게 된다. 나아가 이 사건과 같이 일단 자녀가 외국으로 떠나버린 다음에는 자녀를 되찾아올 실효성 있는 방안을 찾기가 더욱 어렵다. 왜냐하면, 우리나라 법원에서 자녀의 인도를 명하는 민사재판 또는 가사재판을 받는다고 하더라도 외국에서 그 재판을 집행한다는 것은 현실적으로 기대할 수 없고, 우리나라가 근래 가입한「국제적 아동 탈취의 민사적 측면에 관한 협약」등 국제조약에 의한 구제도 조약 가입국이라는 제한된 범위의 국가에 대해서만 시도할 수 있기 때문이다. 이러한 결론이 국민 일반의 정서와 법감정에 현저히 반하는 것임은 두말할 나위가 없다.

그뿐 아니라 이는 부모 중 일방이 아동에 대하여 공동으로 행사되는 양육권(rights of custody)을 배제하고 다른 국가로 아동을 이동하는 행위를 아동의 복리(interests of children)에 대한 침해 행위로서 불법적 행위로 간주하는 위 협약에 명백히 배치되는 것으로서, 국제법적인 아동 보호 기준에도 위배된다. 이렇듯 다수 의견의 결론은 다문화가정에서 현실적으로 존재하는 문제에 대하여 아무런 해결책을 제시하지 못함으로써 그 제도적 정착과 사회적 배려를 이끌어내는 데 전혀 도움이 되지 못할 뿐만 아니라 국가로 하여금 자국민의 보호라는 가장 기본적인 책무조차 다하지 못하게 하는 해석론으로 이어지게 되어 동의할 수 없다.

05.   한일청구권협정으로 개인의
청구권 행사는 제한되는가?

- 대법원 2018. 10. 30. 2013다61381전합

해설

일제강점기 강제동원(혹은 강제노동)으로 피해를 받은 대한민국(당시 조선) 국민 개인의 손해배상청구권은 한·일관계의 오래된 숙제로 남아 있다. 1945. 8. 15. 연합국 48개국과 일본은 1951. 9. 8. 전후 배상 문제를 해결하기 위하여 샌프란시스코에서 평화조약(이하 '샌프란시스코 조약')을 체결하였고, 위 조약은 1952. 4. 28. 발효되었다. 샌프란시스코 조약 제4조(a)는 일본의 통치로부터 이탈된 지역의 시정 당국 및 그 국민과 일본 및 그 국민 간의 재산상 채권·채무관계는 위 당국과 일본 간의 특별약정으로써 처리한다는 내용을, 제4조(b)는 일본은 위 지역에서 미군정 당국이 일본 및 그 국민의 재산을 처분한 것을 유효하다고 인정한다는 내용을 정하였다.

그리고 1965. 6. 22. 「국교 정상화를 위한 대한민국과 일본국 간의 기본관계에 관한 조약」과 그 부속 협정의 하나로 「대한민국과 일본국 간의 재산 및 청구권에 관한 문제의 해결과 경제협력에 관한 협정」(이하 '청구권협정')이 체결되었는데, 청구권협정은 제1조에서 일본국이 대한민국에 10년간에 걸쳐 3억 달러를 무상으로 제공하고 2억 달러의 차관을 행하기로 한다고 정하고, 제2조에서 다음과 같이 정하였다.

'1. 양 체약국은 양 체약국 및 그 국민(법인을 포함함)의 재산, 권리 및 이익과 양 체약국 및 그 국민 간의 청구권에 관한 문제가 1951년 9월 8일에 샌프런시스코우시에서 서명된 일본국과의 평화조약 제4조(a)에 규정된 것을 포함하여 완전히 그리고 최종적으로 해결된 것이 된다는 것을 확인한다.'

일본은 1965년 한·일간의 청구권협정으로 개인이 가진 청구권은 모두 해결되었다는 입장이다. 반면 피해를 받은 개인들은 한일청구권협정을 통해 해결된 청구권에는 자신들의 청구권은 포함되지 않는다고 주장한다. 특히 강제노동에 시달리며 임금 등을 제대로 받지 못한 노동자들이 일본 기업을 상대로 일본과 대한민국에서 손해배상청구소송을 진행하면서 사회적, 법률적 논쟁의 대상이 되고 있다. 이 판례는 대법원이 2018년 10월 30일 선고한 민사상고사건에서의 판결이다. 본 판례의 사실관계는 아래와 같다.

평양에 살던 갑(甲), 을(乙)은 1943. 9.경 일본제철주식회사('구 일본제철')의 공원(工員) 모집에 응모하여 공원으로 채용되어 구 일본제철의 오사카제철소로 가서, 훈련공으로 노역에 종사하였다. 갑, 을은 오사카제철소에서 1일 8시간의 3교대제로 일하였고, 한 달에 1, 2회 정도 외출을 허락받았으며, 한 달에 2, 3엔 정도의 용돈만 지급받았다. 나머지 대부분의 임금은 회사가 갑, 을의 동의를 얻지 않은 채 이들 명의의 계좌에 임금의 대부분을 일방적으로 입금하고 그 저금통장과 도장을 기숙사의 사감에게 보관하게 하였다.

갑, 을은 화로에 석탄을 넣고 깨뜨려서 뒤섞거나 철 파이프 속으로 들어가서 석탄 찌꺼기를 제거하는 등 화상의 위험이 있고 기술 습득과는 별 관계가 없는 매우 고된 노역에 종사하였는데, 제공되는 식사의 양이 매우 적었다. 또한 경찰이 자주 들러서 이들에게 '도망치더라도 바로 잡을 수 있다'고 말하였고 기숙사에서도 감시하는 사람이 있었기 때문에 도망칠 생각을 하지 못하였는데, 을은 도망가고 싶다고 말하였다가 발각되어 기숙사 사감으로부터 구타를 당하고 체벌을 받기도 하였다. 그러던 중 일본은 1944. 2.경부터 훈련공들을 강제로 징용하고, 이후부터 갑, 을에게 아무런 대가도 지급하지 않았다.

오사카제철소의 공장은 1945. 3.경 미국 군대의 공습으로 파괴되었고, 이때 훈련공들 중 일부는 사망하였으며, 갑, 을을 포함한 나머지 훈련공들은 1945. 6.경 함경도 청진에 건설 중인

제철소로 배치되어 청진으로 이동하였다. 갑, 을은 기숙사의 사감에게 일본에서 일한 임금이 입금되어 있던 저금통장과 도장을 달라고 요구하였지만, 사감은 청진에 도착한 이후에도 통장과 도장을 돌려주지 아니하였고, 청진에서 하루 12시간 동안 공장 건설을 위해 토목공사를 하면서도 임금을 전혀 받지 못하였다. 갑, 을은 1945. 8.경 청진공장이 소련군의 공격으로 파괴되자 소련군을 피하여 서울로 도망하였고 비로소 일제로부터 해방된 사실을 알게 되었다.

병(丙)은 1941년 대전시장의 추천을 받아 보국대로 동원되어 구 일본제철의 모집 담당관의 인솔에 따라 일본으로 건너가 구 일본제철의 가마이시제철소에서 코크스를 용광로에 넣고 용광로에서 철이 나오면 다시 가마에 넣는 등의 노역에 종사하였다. 병은 심한 먼지로 인하여 어려움을 겪었고 용광로에서 나오는 불순물에 걸려 넘어져 배에 상처를 입고 3개월간 입원하기도 하였으며 임금을 저금해 준다는 말을 들었을 뿐 임금을 전혀 받지 못하였다. 노역에 종사하는 동안 처음 6개월간은 외출이 금지되었고, 일본 헌병들이 보름에 한 번씩 와서 인원을 점검하였으며 일을 나가지 않는 사람에게 꾀를 부린다며 발길질을 하기도 하였다. 병은 1944년이 되자 징병되어 군사훈련을 마친 후 일본 고베에 있는 부대에 배치되어 미군 포로 감시원으로 일하다가 해방이 되어 귀국하였다.

정(丁)은 1943. 1.경 군산부(지금의 군산시)의 지시를 받고 모집되어 구 일본제철의 인솔자를 따라 일본으로 건너가 구 일본 제철의 야하타제철소에서 각종 원료와 생산품을 운송하는 선로의 신호소에 배치되어 선로를 전환하는 포인트 조작과 열차의 탈선 방지를 위한 포인트의 오염물 제거 등의 노역에 종사하였는데, 도주하다가 발각되어 약 7일 동안 심한 구타를 당하며 식사를 제공받지 못하기도 하였다. 정은 노역에 종사하는 동안 임금을 전혀 지급받지 못하였고, 일체의 휴가나 개인 행동을 허락받지 못하였으며, 일본이 패전한 이후 귀국하라는 구 일본제철의 지시를 받고 고향으로 돌아오게 되었다.

구 일본제철은 1950. 4. 1.에 해산하였고, 구 일본제철의 자산 출자로 야하타제철(八幡製鐵) 주식회사, 후지제철(富士製鐵) 주식회사, 일철기선(日鐵汽船) 주식회사, 하리마내화연와(播磨耐火煉瓦) 주식회사가 설립되었다. 야하타제철 주식회사는 1970. 3. 31. 일본제철 주식회사로 상호를 변경하였고, 1970. 5. 29. 후지제철 주식회사를 합병하여 신일본제철 주식회사가 되었다.

갑, 을은 1997. 12. 24. 일본 오사카지방재판소에, 신일본제철 주식회사와 일본국을 상대로 국제법 위반 및 불법 행위 등을 이유로 한 손해배상금과 강제노동기간 동안 지급받지 못한 임금 등의 지급을 구하는 소송을 제기하였다가 2001. 3. 27. 원고청구기각 판결을 선고받았다. 다시 오사카고등재판소에 항소하였으나 2002. 11. 19. 항소기각 판결을 선고받았다. 그러자

2003. 10. 9. 최고재판소에 상고하였지만, 상고기각 및 상고불수리 결정으로 위 판결들이 확정되었다.

갑, 을, 병, 정은 2005. 2. 28. 대한민국 법원인 서울중앙지방법원에 신일본제철 주식회사를 상대로 국제법 위반 및 불법 행위를 이유로 한 손해배상금의 지급을 구하는 소송을 제기하였다. 제1심인 서울중앙지방법원은 원고들의 청구를 모두 기각하였다. 원고들이 모두 항소하였으나 제2심(원심)인 서울고등법원 역시 원고들의 청구를 모두 기각하였다. 원고들은 이에 불복하고 상고하였다. 대법원은 원심 판결을 파기하고 사건을 원심법원에 환송하는 판결을 하였다(대법원 2012. 5. 24. 2009다68620). 환송 후 원심은 대법원의 판결 취지에 따라 원고들의 손해배상청구를 인용하는 판결을 하였다. 그러자 피고인 신일본제철 주식회사(신일철주금 주식회사)가 상고하였다. 대법원은 원심 판단에 위법이 없다고 판단하여 상고를 기각하고 원심을 유지하였다.

이 판례에서 핵심 쟁점은 위 한·일간 청구권협정을 통해 '완전히 그리고 최종적으로 해결된 것'으로 보는 청구권, 즉 행사가 제한되는 청구권에 개인이 일본국 또는 일본인(일본 법인 포함)에 대하여 가지는 불법 행위에 기한 손해배상청구권이 포함된다고 볼 것이냐이다. 이 사건에서는 태평양전쟁 시기(1941~1945)에 일본 기업에 취업하여 자유가 박탈당한 상태에서 강제노동에 시달렸던 노동자들이 일본 기업의 불법 행위를 이유로 손해배상청구권을 소송을 통해 주장하였는데, 이러한 손해배상청구권이 위 청구권협정으로 인해 제한될 것이냐가 문제가 된 것이다.

대법원 다수 의견은 한·일간 청구권협정을 통해 '완전히 그리고 최종적으로 해결된 것'으로 보는 청구권에 강제징용 노동자들의 일본 기업을 상대로 한 불법 행위에 기한 손해배상청구권은 포함되지 않아서 이를 소송을 통해 주장하는 것이 가능하다는 것이고, 대법관 2인의 반대 의견은 불법 행위에 기한 손해배상청구권도 청구권협정에 포함되어 해결되었으므로 소송을 통해 주장할 수는 없다는 것이다.

사견으로는 한·일 청구권협정의 대상에는 한국 국민의 일본 기업을 상대로 한 손해배상청구권은 포함되지 않는다는 대법원 다수 의견의 입장이 타당해 보인다. 국가는 국가의 청구권을 처분할 수는 있어도 개인의 청구권을 처분할 권리는 없다. 개인의 청구권까지 처분하기 위해서는 국민이 협정 주체인 국가에게 불법 행위에 기한 개인의 손해배상청구권의 처분까지도 협상의 대상으로 할 수 있도록 권한을 위임했다고 볼 수 있는 근거가 있어야 한다. 국민투표나 국회 동의 같은 것은 그러한 근거가 될 수 있을 것이다.

백번 양보해서 그러한 동의를 추정한다고 하더라도 불법 행위를 전제로 한 손해배상청구권이 청구권협정의 대상이 될 수 없었던 또 다른 이유가 있다. 일본이나 일본 기업은 식민 지배의 불법성이나 식민 지배 과정에서 자신들의 불법 행위를 인정한 적이 없다. 즉 일본 측은 식민 지배의 불법성이나 식민 지배 과정에서의 개인이나 기업의 불법 행위를 인정하지 않았기 때문에 한·일간 청구권협정에 불법 행위를 원인으로 한 손해배상청구권이 논의될 수 없었음은 너무도 자명한 것이다.

판례 요약

1) 대법원 다수 의견

환송 후 원심은 갑(甲), 을(乙)이 이 사건 소송에 앞서 일본에서 피고를 상대로 소송을 제기하였다가 이 사건 일본 판결로 패소·확정되었다고 하더라도, 이 사건 일본 판결이 일본의 한반도와 한국인에 대한 식민 지배가 합법적이라는 규범적 인식을 전제로 하여 일제의 '국가총동원법'과 '국민징용령'을 한반도와 갑, 을에게 적용하는 것이 유효하다고 평가한 이상, 이러한 판결 이유가 담긴 이 사건 일본 판결을 그대로 승인하는 것은 대한민국의 선량한 풍속이나 그 밖의 사회질서에 위반하는 것이고, 따라서 우리나라에서 이 사건 일본 판결을 승인하여 그 효력을 인정할 수는 없다고 판단하였다. 이러한 환송 후 원심의 판단에 위법이 없다.

원고들이 주장하는 피고에 대한 손해배상청구권은 청구권 협정의 적용 대상에 포함된다고 볼 수 없다. 그 이유는 다음과 같다.

우선 이 사건에서 문제 되는 원고들의 손해배상청구권은, 일본 정부의 한반도에 대한 불법적인 식민 지배 및 침략 전쟁의 수행과 직결된 일본 기업의 반인도적인 불법 행위를 전제로 하는 강제동원 피해자의 일본 기업에 대한 위자료청구권(이하 '강제동원 위자료청구권')이라는 점을 분명히 해두어야 한다. 원고들은 피고를 상대로 미지급 임금이나 보상금을 청구하고 있는 것이 아니고, 위와 같은 위자료를 청구하고 있는 것이다. 이와 관련한 환송 후 원심의 아래와 같은 사실 인정과 판단은 기록상 이를 충분히 수긍할 수 있다.

즉 ① 일본 정부는 중일전쟁과 태평양전쟁 등 불법적인 침략 전쟁의 수행 과정에서 기간 군수사업체인 일본의 제철소에 필요한 인력을 확보하기 위하여 장기적인 계획을 세워 조직적으로 인력을 동원하였고, 핵심적인 기간 군수 사업체의 지위에 있던 구 일본제철은 철강통제회에 주도적으로 참여하는 등 일본 정부의 위와 같은 인력 동원 정책에 적극 협조하여 인력을 확충하였다. ② 원고들은 당시 한반도와 한국민들이 일본의 불법적이고 폭압적인 지배를 받고 있었던 상황에서 장차 일본에서 처하게 될 노동 내용이나 환경에 대하여 잘 알지 못한 채 일본 정부와 구 일본제철의 위와 같은 조직적인 기망에 의하여 동원되었다고 봄이 타당하다. ③ 더욱이 원고들은 성년에 이르지 못한 어린 나이에 가족과 이별하여 생명이나 신체에 위해를 당할 가능성이 매우 높은 열악한 환경에서 위험한 노동에 종사하였고, 구체적인 임금액도 모른 채 강제로 저금을 해야 했으며, 일본 정부의 혹독한 전시 총동원체제에서 외출이 제한되고 상시 감시를 받아 탈출이 불가능하였으며 탈출 시도가 발각된 경우 혹독한 구타를 당하기도 하였다. ④ 이러한 구 일본제철의 원고들에 대한 행위는 당시 일본 정부의 한반도에 대한 불법적인 식민 지배 및 침략 전쟁의 수행과 직결된 반인도적인 불법 행위에 해당하고, 이러한 불법 행위로 인하여 원고들이 정신적 고통을 입었음은 경험칙상 명백하다.

앞서 본 청구권협정의 체결 경과와 그 전후 사정, 특히 아래와 같은 사정들에 의하면, 청구권협정은 일본의 불법적 식민 지배에 대한 배상을 청구하기 위한 협상이 아니라 기본적으로 샌프란시스코 조약 제4조에 근거하여 한·일 양국 간의 재정적·민사적 채권·채무관계를 정치적 합의에 의하여 해결하기 위한 것이었다고 보인다. 앞서 본 것처럼, 전후 배상문제를 해결하기 위하여 1951. 9. 8. 미국 등 연합국 48개국과 일본 사이에 체결된 샌프란시스코 조약 제4조(a)는 '일본의 통치로부터 이탈된 지역(대한민국도 이에 해당)의 시정 당국 및 그 국민과 일본 및 일본 국민 간의 재산상 채권·채무관계는 이러한 당국과 일본 간의 특별약정으로써 처리한다'고 규정하였다.

샌프란시스코 조약이 체결된 이후 곧이어 제1차 한일회담
(1952. 2. 15.부터 같은 해 4. 25.까지)이 열렸는데, 그때 한국 측이
제시한 8개 항목도 기본적으로 한·일 양국 간의 재정적·민사
적 채무관계에 관한 것이었다. 위 8개 항목 중 제5항에 '피징
용 한국인의 미수금, 보상금 및 기타 청구권의 변제청구'라는
문구가 있지만, 8개 항목의 다른 부분 어디에도 일본 식민 지
배의 불법성을 전제로 하는 내용은 없으므로, 위 제5항 부분도
일본 측의 불법 행위를 전제로 하는 것은 아니었다고 보인다.
따라서 위 '피징용 한국인의 미수금, 보상금 및 기타 청구권의
변제청구'에 강제동원 위자료청구권까지 포함된다고 보기는
어렵다.

1965. 3. 20. 대한민국 정부가 발간한 『한일회담백서』에 의하
면, 샌프란시스코 조약 제4조가 한·일 간 청구권 문제의 기초
가 되었다고 명시하고 있고, 나아가 '위 제4조의 대일청구권은
승전국의 배상청구권과 구별된다. 한국은 샌프란시스코 조약
의 조인 당사국이 아니어서 제14조 규정에 의한 승전국이 향
유하는 '손해 및 고통'에 대한 배상청구권을 인정받지 못하였
다. 이러한 한·일 간 청구권 문제에는 배상청구를 포함시킬 수
없다.'는 설명까지 하고 있다. 이후 실제로 체결된 청구권 협정
문이나 그 부속서 어디에도 일본 식민 지배의 불법성을 언급하
는 내용은 전혀 없다.

청구권협정 제2조 1.에서는 '청구권에 관한 문제가 샌프란시스코 조약 제4조(a)에 규정된 것을 포함하여 완전히 그리고 최종적으로 해결된 것'이라고 하여, 위 제4조(a)에 규정된 것 이외의 청구권도 청구권협정의 적용 대상이 될 수 있다고 해석될 여지가 있기는 하다. 그러나 위와 같이 일본 식민 지배의 불법성이 전혀 언급되어 있지 않은 이상, 위 제4조(a)의 범주를 벗어나는 청구권, 즉 식민 지배의 불법성과 직결되는 청구권까지도 위 대상에 포함된다고 보기는 어렵다. 청구권협정에 대한 합의의사록(Ⅰ) 2.(g)에서도 '완전히 그리고 최종적으로 해결되는 것'에 위 8개 항목의 범위에 속하는 청구가 포함되어 있다고 규정하였을 뿐이다. 2005년 민관공동위원회도 '청구권협정은 기본적으로 일본의 식민 지배 배상을 청구하기 위한 것이 아니라 샌프란시스코 조약 제4조에 근거하여 한·일 양국 간 재정적·민사적 채권·채무관계를 해결하기 위한 것이다.'라고 공식 의견을 밝혔다.

2) 대법관 권순일, 조재연의 반대 의견

청구권협정 전문은 '양국 및 양국 국민의 재산과 양국 및 양국 국민 간의 청구권에 관한 문제를 해결할 것을 희망하고'라고 전제하고, 제2조 1.은 '양 체약국은 양 체약국 및 그 국민(법인을 포함함)의 재산, 권리 및 이익과 양 체약국 및 그 국민 간의 청구권에 관한 문제가 … 평화조약 제4조(a)에 규정된 것을 포함하여 완전히 그리고 최종적으로 해결된 것이 된다는 것을 확인한다.'라고 규정하고 있으며, 제2조 3.은 '… 일방 체약국 및 그 국민의 타방 체약국 및 그 국민에 대한 모든 청구권으로서 … 어떠한 주장도 할 수 없는 것으로 한다.'라고 규정하였다. 또한 청구권협정에 대한 합의의사록(Ⅰ)은 청구권협정 제2조에 관하여 '동조 1.에서 말하는 완전히 그리고 최종적으로 해결된 것으로 되는 양국 및 그 국민의 재산, 권리 및 이익과 양국 및 그 국민 간의 청구권에 관한 문제에는 한일회담에서 한국 측으로부터 제출된 '한국의 대일청구요강'(소위 8개 항목)의 범위에 속하는 모든 청구가 포함되어 있고, 따라서 동 대일청구요강에 관하여는 어떠한 주장도 할 수 없게 됨을 확인하였다.'라고 정하였고, 대일청구요강 8개 항목 중에는 '피징용 한국인의 미수금, 보상금 및 기타 청구권의 변제청구'가 포함되어 있다.

위와 같은 청구권협정 제2조, 청구권협정에 대한 합의의사록(Ⅰ) 등의 문언, 문맥 및 청구권협정의 대상과 목적 등에 비추어 청구권협정 제2조를 그 문언에 부여되는 통상적 의미에 따라 해석하면, 제2조 1.에서 '완전히 그리고 최종적으로 해결된 것'은 대한민국 및 대한민국 국민의 일본 및 일본 국민에 대한 모든 청구권과 일본 및 일본 국민의 대한민국 및 대한민국 국민에 대한 모든 청구권에 관한 문제임이 분명하고, 제2조 3.에서 모든 청구권에 관하여 '어떠한 주장도 할 수 없는 것으로 한다.'라고 규정하고 있는 이상, '완전히 그리고 최종적으로 해결된 것이 된다.'라는 문언의 의미는 양 체약국은 물론 그 국민도 더 이상 청구권을 행사할 수 없게 되었다는 뜻으로 보아야 한다.

청구권협정 제2조 1.은 청구권에 관한 문제가 '완전히 그리고 최종적으로 해결된 것이 된다는 것을 확인한다.'라고 규정하고 있고, '완전하고도 최종적인 해결'에 이르는 방식은 제2조 3.에서 규정하고 있는 '어떠한 주장도 할 수 없는 것으로 한다.'라는 문언에 의하여 실현된다. 즉 '어떠한 주장도 할 수 없는 것'이라는 방법을 통하여 청구권 문제의 '완전하고도 최종적인 해결'을 기하고 있다. 그런데 '어떠한 주장도 할 수 없는 것으로 한다.'라는 문언의 의미는 앞서 살펴본 것처럼 청구권에 관한 대한민국의 외교적 보호권만을 포기한다는 뜻으로 해석할 수 없고, 그렇다고 청구권 자체가 실체법적으로 소멸되었다는 의미라고 단정하기도 어렵다. 그렇다면 '어떠한 주장도 할 수 없는 것으로 한다.'라는 문언의 의미는 결국 '대한민국 국민이 일본이나 일본 국민을 상대로 소로써 권리를 행사하는 것이 제한된다.'는 뜻으로 해석할 수밖에 없다.

결국, 대한민국 국민이 일본 또는 일본 국민에 대하여 가지는 개인청구권은 청구권협정에 의하여 바로 소멸되거나 포기되었다고 할 수는 없지만 소송으로 이를 행사하는 것은 제한되게 되었으므로, 원고들이 일본 국민인 피고를 상대로 국내에서 강제동원으로 인한 손해배상청구권을 소로써 행사하는 것 역시 제한된다고 보는 것이 옳다.

06. 양심상 이유로 병역을 거부하는 것을 허용할 것인가?

- 대법원 2018. 11. 1. 2016도10912 전합

해설

병역 의무의 예외에 해당하는 입영 기피의 정당화 사유를 해석함에 있어서는 여러 가지 상충되는 이익을 고려해야 한다. 입영 기피의 정당화 사유를 너무 넓게 해석하면 국가 안보의 기초인 병력 구성에 차질이 초래될 수 있고, 입영을 기피하고자 하는 본능적 심리를 부추겨 국가 안보에 심대한 타격을 줄 수 있다. 반면 국가 안보만을 중시하여 정당화 사유를 지나치게 좁게 해석하면 실질적으로 병력 구성에 도움이 되지 않는 인적 자원을 무작위적으로 받게 되어 군대 내부에서 다시 이들을 분류하고 재편해야 하는 비능률과 비효율을 초래할 수 있고, 개인의 기본권(신체의 자유, 건강권, 거주이전의 자유, 양심의 자유, 종교의 자유 등)을 지나치게 제한하는 문제도 발생한다.

결국 이 문제는 국가 안보를 위한 병력 자원의 충원, 실질적 전투력의 제고, 침해되는 개인의 기본권의 보호 등과 같은 복잡한 이익관계를 모두 고려하여 절충하는 안을 찾는 과정일 수밖에 없다. 양심상 병역 거부의 경우에는 위에서 언급한 고려사항 외에도 양심상 이유라는 내면의 근본적 요구가 절차적으로 확인될 수 있는지, 양심상 병역 거부가 병역 회피의 새로운 수단으로 활용될 위험은 없는지 등을 고려하여야 할 것이다.

이 판례는 대법원이 2018년 11월 1일 선고한 형사상고사건에서의 판결로서, 징병제를 취하고 있는 우리 법제에서 지속적으로 제기되어온 양심적 병역 거부와 관련된 판례이다. 본 판례의 사실관계는 다음과 같다.

갑(甲)은 '2013. 9. 24.까지 육군 제39사단에 현역병으로 입영하라'는 경남지방병무청장 명의의 현역병 입영통지서를 받고도 입영일인 2013. 9. 24.부터 3일이 지나도록 입영하지 않았다. 갑은 '여호와의 증인' 신도로서 종교적 양심을 이유로 입영하지 않았다. 갑은 '여호와의 증인' 신도인 아버지의 영향으로 만 13세 때 침례를 받고 그 신앙에 따라 생활하면서 약 10년 전에 최초 입영 통지를 받은 이래 현재까지 신앙을 이유로 입영을 거부하고 있고, 과거 갑의 아버지는 물론 최근 갑의 동생도 같은 이유로 병역을 거부하여 병역법 위반으로 수감되었다. 한편 갑은 부양해야 할 배우자, 어린 딸과 갓 태어난 아들이 있는 상태에서 형사처벌의 위험을 감수하면서도 종교적 신념을 이유로 병역 거부 의사를 유지하고 있다.

검사는 갑을 병역법 제88조 제1항을 적용하여 기소하였다. 제1심은 유죄를 인정하여 징역 1년 6개월을 선고하였고, 갑이 항소하였으나 제2심(원심)은 항소를 기각하였다. 갑은 양심적 병역 거부는 헌법 제19조와 국제연합의 「시민적 및 정치적 권리에 관한 국제규약」(International Covenant on Civil and Political Rights, 이하 '자유권규약') 제18조에서 정한 양심의 자유에 따른 것이므로, 자신에게는 병역법 제88조 제1항이 정한 정당한 사유가 있다고 주장하면서 상고하였다. 대법원은 양심적 병역 거부가 병역법 제88조 제1항의 정당한 사유에 해당할 수 있다고 하였다. 그리하여 원심 판결을 파기하고 사건을 원심법원에 환송했다.

이 판례의 쟁점은 양심상 이유에 의한 병역 거부가 병역법 제88조 제1항에서 정한 '정당한 사유'에 해당할 것인가이다. 병역법 제88조는 현역 입영 또는 소집 통지서를 받은 사람이 정당한 사유 없이 입영일이나 소집일부터 일정 기간(현역 입영, 사회복무 소집, 대체복무 소집은 3일)이 지나도 입영하지 아니하거나 소집에 응하지 아니한 경우에는 3년 이하의 징역에 처한다고 규정하고 있다. 만약 입영이나 소집에 응하지 않을 정당한 사유가 있으면 병역법 위반의 처벌을 받지 않는다. 대법원은 그동안 입영 등에 응하지 않을 수 있는 정당한 사유를 질병, 정신장애와 같이 병리적 사유 또는 병무당국과 달리 민법에 따라 기간 계산을 한 경우 등 매우 제한적으로 인정해 왔다(대법원 1967. 6. 13. 67도677; 대법원 2012. 12. 26. 2012도13215; 대법원 2014. 6. 26. 2014도5132; 대법원 2004. 7. 15. 2004도2965전합).

대법원 다수 의견은 양심상 이유에 의한 입영 기피를 '정당한 사유'로 인정할 수 있다는 입장이고, 대법관 4인의 반대 의견은 인정할 수 없다는 입장이다.

사견으로는 대법원 다수 의견이 타당해 보인다. 양심상 이유에 인한 입영 기피를 인정하더라도 병력 자원 충원에 결정적 타격을 주지 않고 오히려 실질적 전투력의 제고라는 측면에서는 긍정적인 측면이 있고, 양심상 이유에 의한 병역 거부라는 진정한 의사를 확인하는 절차도 만들 수 있을 것이다.

현재까지 우리나라에 나타난 양심적 병역 거부는 '여호와의 증인'과 같은 종교집단이었다. 종교집단의 경우에는 그들의 종교적 신념체계를 비교적 객관적으로 확인할 수 있으므로 그들의 병역 거부 행위가 병역 기피 목적이 아니라 종교적 신념 때문이라는 것을 신뢰할 수 있다. 또한 양심상 이유라는 내면의 근본적 요구가 절차적으로 확인될 수 있는 것인가라는 문제도 병역 거부자의 해당 종교집단에의 소속 여부, 종교 활동의 기간, 내용 등을 파악하는 것을 통해 가능하다. 종교집단이 아닌 형태의 양심적 병역거부자도 앞으로 나올 것이다. 하지만 이들에 대해서도 양심상 이유라는 내면적 요구 때문에 병역을 거부하는 것인가, 이를 절차적으로 확인할 수 있는가라는 두 가지 기준을 적용하여 모두 긍정된다면 양심상 병역 거부를 인정하면 될 것이다.

1) 대법원 다수 의견

양심에 따른 병역 거부, 이른바 양심적 병역 거부는 종교적·윤리적·도덕적·철학적 또는 이와 유사한 동기에서 형성된 양심상 결정을 이유로 집총이나 군사훈련을 수반하는 병역 의무의 이행을 거부하는 행위를 말한다. 양심을 포기하지 않고서는 집총이나 군사훈련을 수반하는 병역 의무를 이행할 수 없고 병역 의무의 이행이 자신의 인격적 존재 가치를 스스로 파멸시키는 것이기 때문에 병역 의무의 이행을 거부한다는 것이다. 결국 양심을 포기할 수 없고 자신의 인격적 존재 가치를 스스로 파멸시킬 수도 없기 때문에 불이행에 따르는 어떠한 제재라도 감수할 수밖에 없다고 한다.

병역법 제88조 제1항은 현역 입영 거부 행위에 대하여 3년 이하의 징역에 처한다고 정하고 있다. 실제 재판에서는 대부분 양심적 병역 거부자의 개별적인 사정을 고려하지 않은 채 병역법 시행령 제136조 제1항 제2호 (가)목에서 정한 전시근로역 편입 대상에 해당하는 1년 6개월 이상 징역형의 실형을 일률적으로 선고하고 있다. 부자(父子) 또는 형제가 모두 실형을 선고받아 복역하는 상황도 적지 않게 발생하였다.

이러한 형사처벌이 계속되고 있는데도 양심적 병역 거부자는 우리 사회에서 매년 평균 약 600명 내외로 발생하고 있다. 헌법상 국가의 안전 보장과 국토 방위의 신성한 의무, 그리고 국민에게 부여된 국방의 의무는 아무리 강조해도 지나치지 않다. 국가의 존립이 없으면 기본권 보장의 토대가 무너지기 때문이다. 국방의 의무가 구체화된 병역 의무는 성실하게 이행하여야 하고 병무행정 역시 공정하고 엄정하게 집행하여야 한다. 헌법이 양심의 자유를 보장하고 있다고 해서 위와 같은 가치를 소홀히 해서는 안 된다.

따라서 양심적 병역 거부의 허용 여부는 헌법 제19조 양심의 자유 등 기본권 규범과 헌법 제39조 국방의 의무 규범 사이의 충돌·조정 문제가 된다. 국방의 의무는 법률이 정하는 바에 따라 부담한다(헌법 제39조 제1항). 즉 국방의 의무의 구체적인 이행 방법과 내용은 법률로 정할 사항이다. 그에 따라 병역법에서 병역 의무를 구체적으로 정하고 있고, 병역법 제88조 제1항에서 입영 의무의 불이행을 처벌하면서도 한편으로는 '정당한 사유'라는 문언을 두어 입법자가 미처 구체적으로 열거하기 어려운 충돌 상황을 해결할 수 있도록 하고 있다. 따라서 양심적 병역 거부에 관한 규범의 충돌·조정 문제는 병역법 제88조 제1항에서 정한 '정당한 사유'라는 문언의 해석을 통하여 해결하여야 한다. 이는 충돌이 일어나는 직접적인 국면에서 문제를 해결하는 방법일 뿐만 아니라 병역법이 취하고 있는 태도에도 합치하는 해석 방법이다. 소극적 부작위에 의한 양심 실현의 자유에 대한 제한은 양심의 자유에 대한 과도한 제한이 되거나 본질적 내용에 대한 위협이 될 수 있다. 양심적 병역 거부는 이러한 소극적 부작위에 의한 양심 실현에 해당한다.

양심적 병역 거부자들은 헌법상 국방의 의무 자체를 부정하지 않는다. 단지 국방의 의무를 구체화하는 법률에서 병역 의무를 정하고 그 병역 의무를 이행하는 방법으로 정한 집총이나 군사훈련을 수반하는 행위를 할 수 없다는 이유로 그 이행을 거부할 뿐이다.

양심의 자유는 도덕적·정신적·지적 존재로서 인간의 존엄성을 유지하기 위한 필수적 조건이다. 위에서 본 양심적 병역 거부의 현황과 함께 우리나라의 경제력과 국방력, 국민의 높은 안보의식 등에 비추어 양심적 병역 거부를 허용한다고 하여 국가 안전 보장과 국토 방위를 달성하는 데 큰 어려움이 있을 것으로는 보이지 않는다. 따라서 진정한 양심적 병역 거부자에게 집총과 군사훈련을 수반하는 병역 의무의 이행을 강제하고 그 불이행을 처벌하는 것은 양심의 자유에 대한 과도한 제한이 되거나 본질적 내용에 대한 위협이 된다.

양심적 병역 거부자에게 병역 의무의 이행을 일률적으로 강제하고 그 불이행에 대하여 형사처벌 등 제재를 하는 것은 양심의 자유를 비롯한 헌법상 기본권 보장체계와 전체 법질서에 비추어 타당하지 않을 뿐만 아니라 소수자에 대한 관용과 포용이라는 자유민주주의 정신에도 위배된다. 따라서 진정한 양심에 따른 병역 거부라면, 이는 병역법 제88조 제1항의 '정당한 사유'에 해당한다.

정당한 사유로 인정할 수 있는 양심적 병역 거부를 심리하여 판단하는 것은 중요한 문제이다. 여기에서 말하는 양심은 그 신념이 깊고, 확고하며, 진실하여야 한다. 구체적인 병역법 위반 사건에서 피고인이 양심적 병역 거부를 주장할 경우, 그 양심이 과연 위와 같이 깊고 확고하며 진실한 것인지 가려내는 일이 무엇보다 중요하다. 인간의 내면에 있는 양심을 직접 객관적으로 증명할 수는 없으므로 사물의 성질상 양심과 관련성이 있는 간접 사실 또는 정황 사실을 증명하는 방법으로 판단하여야 한다.

예컨대 종교적 신념에 따른 양심적 병역 거부 주장에 대해서는 종교의 구체적 교리가 어떠한지, 그 교리가 양심적 병역 거부를 명하고 있는지, 실제로 신도들이 양심을 이유로 병역을 거부하고 있는지, 그 종교가 피고인을 정식 신도로 인정하고 있는지, 피고인이 교리 일반을 숙지하고 철저히 따르고 있는지, 피고인이 주장하는 양심적 병역 거부가 오로지 또는 주로 그 교리에 따른 것인지, 피고인이 종교를 신봉하게 된 동기와 경위, 만일 피고인이 개종을 한 것이라면 그 경위와 이유, 피고인의 신앙 기간과 실제 종교적 활동 등이 주요한 판단 요소가 될 것이다. 피고인이 주장하는 양심과 동일한 양심을 가진 사람들이 이미 양심적 병역 거부를 이유로 실형으로 복역하는 사례가 반복되었다는 등의 사정은 적극적인 고려 요소가 될 수 있다.

그리고 위와 같은 판단 과정에서 피고인의 가정환경, 성장과정, 학교생활, 사회 경험 등 전반적인 삶의 모습도 아울러 살펴볼 필요가 있다. 깊고 확고하며 진실한 양심은 그 사람의 삶 전체를 통하여 형성되고, 또한 어떤 형태로든 그 사람의 실제 삶으로 표출되었을 것이기 때문이다.

2) 대법관 김소영, 조희대, 박상옥, 이기택의 반대 의견

다수 의견이 주장하는 종교적 신념 등을 이유로 한 양심적 병역 거부와 같이 병역에 관한 개인적 신념이나 가치관, 세계관 등을 포함한 주관적 사정은 그 신념의 정도나 지속성 여부를 불문하고 병역법 제88조 제1항의 '정당한 사유'에 포함될 수 없다. 현역병 입영과 관련하여 처벌 규정의 '정당한 사유'란 입영 통지에 기해 지정된 기일과 장소에 집결할 의무를 부과받았음에도 즉시 이에 응하지 못한 것을 정당화할 만한 사유로서, 병역법에서 입영을 일시적으로 연기하거나 지연시키기 위한 요건으로 인정된 사유, 즉 질병, 재난 등과 같은 개인의 책임으로 돌리기 어려운 사유로 한정된다고 보아야 한다.

헌법상 국방의 의무 규정에 기해 입법된 병역법에서 정한 내용과 절차에 따라 병역 의무가 부과되고, 그 의무 이행에 있어 집총훈련 등이 요구됨에도 스스로의 결정을 통해 형성한 내면의 종교적 양심 등에 반한다는 이유로 그 의무 이행을 거부하는 양심적 병역 거부 행위가 '양심 유지' 또는 '소극적 부작위에 의한 양심 실현의 자유'라는 이유로 정당화될 수는 없다. 나아가 병역법상 병역 의무 부담의 공평성과 이행의 실효성을 확보하기 위한 불가피한 수단으로서 병역 거부자에 대해 처벌 규정에 기한 형사처벌이 이루어지더라도, 단지 그러한 사정만으로 국가가 개인의 내면적 양심을 포기하고 양심에 반하는 의무 이행을 강제함으로써 인격적 존재가치의 파멸을 초래하거나 양심을 유지하기 위해 형사처벌을 감수하는 선택을 부당하게 강요하는 결과가 되고, 이로써 기본권에 대한 과도한 제한이 되거나 기본권의 본질적 내용에 대한 침해나 위협이 된다고 볼 수도 없다.

양심적 병역 거부에 있어 보호 대상이 되어야 할 '진정한 양심'은 병역 의무의 이행이 강제되는 상황에 직면함으로써 외부로 표출되기 이전에 내심의 영역에서 형성·결정되어 있던 절대적 자유의 대상으로서의 양심이 되어야만 한다. 그런데 이러한 의미의 '진정한 양심'은 논리적으로 그 주체의 주관적인 관점에서만 판단될 수밖에 없다. '진정한 양심'은 객관적으로 잘 드러나지 않을 뿐만 아니라, 경험칙상 본인조차도 이를 객관적인 증거로 드러내 보임으로써 제3자로 하여금 그 존재 사실을 알게 하는 것이 결코 쉽지 않다. 따라서 다수 의견의 결론을 따라 병역 거부에 관한 '진정한 양심'을 처벌 규정의 '정당한 사유'에 해당하는 사유로 볼 수 있다 하더라도, 이는 내심의 영역에만 머물던 것으로서 그 존부에 대해 객관적인 재현이나 증명은 물론, 그 주장에 대해 과학적·합리적인 반증이나 탄핵을 하는 것 자체가 대단히 어렵거나 거의 불가능하다. 이로 인하여 형사 사법 절차가 예정하는 논리칙, 경험칙에 입각하고 합리성에 기초한 객관적인 증명의 대상으로는 적절치 않은 것이다.

처벌 규정의 '정당한 사유'의 의미에 관한 대법원의 종전 전원합의체 판결에서 확인된 법리는 그대로 유지되는 것이 옳다. 기존 법리는 반대 의견이 취한 위 '정당한 사유'에 관한 법리적 논증과 완전히 합치되는 것이다. 그리고 그 후로 현재까지 기존 법리에 따른 위 '정당한 사유'의 포섭 범위를 확대하는 방향으로 변경을 하여야 할 만한 명백한 규범적·현실적 변화도 없다고 보인다. 그럼에도 불구하고 기존 법리를 변경하는 다수 의견의 견해는, 법적 안정성이라는 중대한 사법적 가치를 손상하고, 자칫 병역 의무 이행상의 과도한 특혜를 부여하는 결과를 초래함으로써 병역법의 입법 목적을 근본적으로 훼손시킬 뿐만 아니라, 병역 의무 부담의 형평성에 대한 규범적 요청 및 국민의 기대에서 크게 벗어나는 것으로 인식되어 갈등과 혼란을 초래할 것이라는 우려를 금할 수 없다.

또한 사법권의 한계를 벗어나 입법 정책의 영역에서 사실상 입법자의 권한을 행사한다는 오해와 비난을 면하기 어렵다. 설령 양심적 병역 거부자 등 일부 병역 의무자들에 대한 병역법의 예외 없는 적용에 다소간의 불합리하거나 가혹한 면이 있더라도, 이는 국회의 입법 절차를 통해 시정해 나갈 일이지, 법원이 병역법의 규정을 그 목적이나 기능에 어긋나게 해석하는 방식으로 해결할 수는 없다. 이러한 결론은 법관의 법률 해석과 사법권 행사에서 당연하게 지켜야 할 기본 원칙과 책무에 따른 것이다.

07. 링크 게시도 저작권 침해 행위가 될 수 있는가?

- 대법원 2021. 9. 9. 2017도19025 전합

해설

현 시대를 인터넷 시대라고 부를 수도 있을 것 같다. 지금은 적지 않은 이들이 도서나 문서가 아니라 인터넷을 통해 정보와 지식을 습득하고, 저작물을 접한다. 나아가 인터넷 공간에서 서핑하고 구매하고 대화하는 것이 일상이 되었다. 인터넷이 없는 세상에서 하루라도 살 수 있을까 싶을 정도이다. 이러한 세상에서 링크 게시 행위는 특별한 의미가 있다. 광대한 인터넷 세상에서 특정한 사이트를 찾아내고 공유하는 것은 정보취득의 측면만 있는 것은 아니다. 자기가 알고 있는 것을 공유하고 공감받고 싶어하는 호모사피엔스의 사회적 본능이기도 하다.

그런데 이러한 링크 게시 행위는 특정한 저작물을 저작권자

의 허락 없이 소비하는 행위에 이용될 수 있다. 즉 드라마, 영화와 같은 영상 저작물을 저작권자의 허락 없이 인터넷 사이트에 업로드하고 게시하여, 게시물에 접근한 자가 영상 저작물을 클릭하면 영상 저작물을 감상할 수 있게 하는 행위는 인터넷 시대에 벌어지는 전형적인 영상 저작물에 대한 저작권 침해 행위이다. 이러한 행위는 저작권법상 '공중송신권'을 침해한 행위이다. 그런데 이처럼 공중송신권 침해가 이루어지는 사이트의 주소를 안내하는 링크 게시 행위는 직접적으로 공중송신권을 침해하지 않지만, 더 많은 사람들로 하여금 공중송신권 침해 사이트에 접근할 수 있게 한다는 점에서 문제이다. 본 판례는 그와 같은 문제 상황에서 나왔다. 본 판례의 사실관계를 요약하면 아래와 같다.

을(乙)은 해외에 서버가 있는 동영상 공유 사이트인 'B' 등에 공중이 개별적으로 선택한 시간과 장소에서 접근하게 할 목적으로 저작권자의 영상 저작물인 드라마·영화 등의 동영상을 임의로 업로드하고 계속하여 이를 게시하여 이용에 제공하고, 위 게시물에 접근한 이용자들이 영상 저작물을 클릭하면 개별적으로 송신이 이루어지게 하는 방법으로 저작권자의 전송권을 침해하고 있었다. 갑(甲)은 이러한 저작권 침해 사실을 알고도 2015. 7. 25.부터 2015. 11. 24.까지 총 450회에 걸쳐, 자신이 개설하여 운영하면서 광고 수익을 얻는 이른바 '다시보기 링크 사이트'인 'A' 사이트 게시판에 이 사건 영상 저작물과 연결되는 링크를 게시하고, 이 사건 사이트를 이용하는 사람들이 제목 등으로 영상 저작물을 검색하여 게시된 링크를 찾을 수 있게 한 뒤 이들이 링크를 클릭하면 을이 이용 제공 중인 영상 저작물의 재생 준비화면으로 이동하여 개별적으로 송신이 이루어지게 하였다.

검사는 갑이 영리를 목적으로 또는 상습으로 을의 전송권 침해 행위를 용이하게 하여 방조하였다는 공소사실로 기소하였다. 그러나 제1심법원은 무죄를 선고하였다. 검사가 항소하였으나 제2심법원(원심법원) 또한 무죄를 선고하였다. 제2심법원은 종래 대법원 판례대로 링크는 인터넷에서 링크하고자 하는 저작물의 웹 위치 정보나 경로를 나타낸 것에 지나지 않으므로 갑의 행위는 저작권 침해 행위의 실행 자체를 용이하게 한 것이 아니라 그와 무관한 지위에서 단순히 전송권이 침해되고 있는 상태를 이용한 것에 불과하여 이를 방조 행위로 볼 수 없다는 입장에서 제1심법원의 무죄를 유지하였다. 검사는 대법원에 상고하였다. 대법원은 종래의 판례를 변경하여, 링크 게시 행위가 전송권 침해의 방조 행위가 될 수 있다는 취지로 판단하고 원심 판결을 파기 환송하였다.

이 판례의 쟁점은 공중송신권 침해가 이루어지는 사이트의 주소를 안내하는 링크 게시 행위를 공중송신권 침해의 방조 행위로 평가할 수 있을 것인가이다. 종전 대법원 입장은 링크 게시 행위만으로는 공중송신권 침해의 방조 행위에 해당하지 않는다고 보았다. 링크는 인터넷 공간을 통한 정보의 자유로운 유통을 활성화하고 표현의 자유를 실현하는 기능을 가지므로, 일상적으로 이루어지는 링크 게시 행위에 대해서까지 공중송신권 침해의 방조를 쉽게 인정하는 것은 인터넷 공간에서의 표현의 자유나 일반적 행동의 자유의 과도한 제한일 수 있다고 보았던 것이다. 이 판례에서 대법원 다수 의견은 공중송신권 침해의 방조가 될 수 있다고 보았고, 대법관 3인의 반대 의견은 공중송신권 침해의 방조를 부정하였다.

사견으로는 대법원 다수 의견이 타당해 보인다. 링크 게시 행위가 인터넷 유저들에 의해 광범위하게 이루어지고 있는 현실에서 공중송신권 침해의 불법 사이트 운영 행위 못지않게 불법 사이트 링크 게시 행위의 위험성 또한 매우 크다. 그리고 이러한 링크 게시 행위라도 비영리적 일시적인 경우에는 처벌하지 않고, 영리적 계속적 업으로서 하는 경우에만 처벌한다면 인터넷상의 표현의 자유 등 기본권 보장과 조화를 이룰 수 있을 것이다.

1) 대법원 다수 의견

공중송신권 침해의 방조에 관한 종전 판례는 인터넷 이용자가 링크 클릭을 통해 저작자의 공중송신권 등을 침해하는 웹페이지에 직접 연결되더라도 링크를 한 행위가 '공중송신권 침해 행위의 실행 자체를 용이하게 한다고 할 수는 없다.'는 이유로, 링크 행위만으로는 공중송신권 침해의 방조 행위에 해당한다고 볼 수 없다는 법리를 전개하고 있다. 링크는 인터넷 공간을 통한 정보의 자유로운 유통을 활성화하고 표현의 자유를 실현하는 등의 고유한 의미와 사회적 기능을 가진다. 인터넷 등을 이용하는 과정에서 일상적으로 이루어지는 링크 행위에 대해서까지 공중송신권 침해의 방조를 쉽게 인정하는 것은 인터넷 공간에서 표현의 자유나 일반적 행동의 자유를 과도하게 위축시킬 우려가 있어 바람직하지 않다.

그러나 링크 행위가 어떠한 경우에도 공중송신권 침해의 방조 행위에 해당하지 않는다는 종전 판례는 방조범의 성립에 관한 일반 법리 등에 비추어 볼 때 재검토할 필요가 있다. 이는 링크 행위를 공중송신권 침해의 방조라고 쉽게 단정해서는 안 된다는 것과는 다른 문제이다. 정범(正犯, 범죄의 실행 행위를 한 자)이 침해 게시물을 인터넷 웹사이트 서버 등에 업로드하여 공중의 구성원이 개별적으로 선택한 시간과 장소에서 접근할 수 있도록 이용에 제공하면, 공중에게 침해 게시물을 실제로 송신하지 않더라도 공중송신권 침해는 기수(旣遂, 어떠한 행위가 일정한 범죄의 구성 요건으로 완전히 성립하는 일)에 이른다. 그런데 정범이 침해 게시물을 서버에서 삭제하는 등으로 게시를 철회하지 않으면 이를 공중의 구성원이 개별적으로 선택한 시간과 장소에서 접근할 수 있도록 이용에 제공하는 가별적인 위법 행위가 계속 반복되고 있어 공중송신권 침해의 범죄 행위가 종료되지 않았으므로, 그러한 정범의 범죄 행위는 방조의 대상이 될 수 있다.

저작권 침해물 링크 사이트에서 침해 게시물에 연결되는 링크를 제공하는 경우 등과 같이, 링크 행위자가 정범이 공중송신권을 침해한다는 사실을 충분히 인식하면서 그러한 침해 게시물 등에 연결되는 링크를 인터넷 사이트에 영리적·계속적으로 게시하는 등으로 공중의 구성원이 개별적으로 선택한 시간과 장소에서 침해 게시물에 쉽게 접근할 수 있도록 하는 정도의 링크 행위를 한 경우에는 침해 게시물을 공중의 이용에 제공하는 정범의 범죄를 용이하게 하므로 공중송신권 침해의 방조범이 성립한다. 이러한 링크 행위는 정범의 범죄 행위가 종료되기 전 단계에서 침해 게시물을 공중의 이용에 제공하는 정범의 범죄 실현과 밀접한 관련이 있고 그 구성요건적 결과 발생의 기회를 현실적으로 증대함으로써 정범의 실행 행위를 용이하게 하고 공중송신권이라는 법익의 침해를 강화·증대하였다고 평가할 수 있다. 링크 행위자에게 방조의 고의와 정범의 고의도 인정할 수 있다.

저작권 침해물 링크 사이트에서 침해 게시물로 연결되는 링크를 제공하는 경우 등과 같이, 링크 행위는 그 의도나 양태에 따라서는 공중송신권 침해와 밀접한 관련이 있는 것으로서 그 행위자에게 방조 책임의 귀속을 인정할 수 있다. 이러한 경우 인터넷에서 원활한 정보 교류와 유통을 위한 수단이라는 링크 고유의 사회적 의미는 명목상의 것에 지나지 않는다. 다만 행위자가 링크 대상이 침해 게시물 등이라는 점을 명확하게 인식하지 못한 경우에는 방조가 성립하지 않고, 침해 게시물 등에 연결되는 링크를 영리적·계속적으로 제공한 정도에 이르지 않은 경우 등과 같이 방조범의 고의 또는 링크 행위와 정범의 범죄 실현 사이의 인과관계가 부정될 수 있거나 법질서 전체의 관점에서 살펴볼 때 사회적 상당성을 갖추었다고 볼 수 있는 경우에는 공중송신권 침해에 대한 방조가 성립하지 않을 수 있다.

링크 행위자가 정범이 공중송신권을 침해한다는 사실을 충분히 인식하면서 그러한 침해 게시물 등에 연결되는 링크를 인터넷 사이트에 영리적·계속적으로 게시하는 등으로 공중의 구성원이 개별적으로 선택한 시간과 장소에서 침해 게시물에 쉽게 접근할 수 있도록 하는 정도의 링크 행위를 한 경우에는 방조 요건을 충족하여 침해 게시물을 공중의 이용에 제공하는 정범의 범죄를 용이하게 하였다고 볼 수 있으므로 공중송신권 침해의 방조범이 성립할 수 있다.

2) 대법관 조재연, 김선수, 노태악의 반대 의견

다수 의견은, 공중송신권 침해 게시물에 연결되는 링크를 저작권 침해물 링크 사이트에 영리적·계속적으로 게시하는 등으로 공중의 구성원이 개별적으로 선택한 시간과 장소에서 침해 게시물에 쉽게 접근하여 이용할 수 있도록 링크를 제공하는 정도의 링크 행위를 한 경우에는 그 밖의 링크 행위를 한 경우와 달리 정범의 공중송신권 침해와 밀접한 관련이 있고 그 구성요건적 결과 발생의 기회를 현실적으로 증대함으로써 공중송신권이라는 법익의 침해를 강화·증대하였기 때문에 방조범이 성립한다고 한다. 영리적·계속적 링크 행위와 그 밖의 링크 행위는, 공중송신권 침해 행위와의 인과관계 존재 여부에서 차이가 나기 때문에 전자는 방조를 구성하나 후자는 그렇지 않다는 취지인 듯하다. 그러나 다음과 같은 이유로 다수 의견이 설정한 위 기준 자체에 동의하기 어렵다.

링크는 URI[15]를 웹페이지 문서와 연결하여 인터넷 이용자가 링크를 클릭하면 시간과 공간에 구애받지 않고 URI로 표시된 정보에 접근할 수 있도록 하는 기술이다. 링크의 위와 같은 기

---

15 통합자원식별자(Uniform Resource Identifier, URI)의 하위 개념으로 URL, URN이 있다.

능은 링크의 양이나 게시 기간, 링크가 게시된 인터넷 환경과는 무관하게 일정하게 수행되는 것이므로, 링크 행위의 태양이나 링크가 게시된 인터넷 환경에 따라 링크 행위와 정범의 공중송신권 침해 행위 사이의 관련성 내지 인과관계가 실질적으로 달라진다는 다수 의견의 전제도 타당하지 않다.

월드와이드웹 기반의 또 다른 서비스인 이른바 소셜 네트워크 서비스의 발달 등으로 인터넷상에서 이루어지는 정보의 교환 방식이 다양해지고, 영리를 목적으로 만들어진 웹사이트 못지않게 대중의 관심을 끄는 개인 블로그 등이 늘고 있는 현실 등에 비추어 보면, 링크 행위의 영리성이 링크 행위와 정범의 공중송신권 침해 행위 사이의 관련성 내지 인과관계의 존재 여부를 결정할 핵심적인 기준이 된다고 보기도 어렵다. 더욱이 링크 행위의 영리성은 링크 행위자가 행위 당시에 가진 '목적'에 관한 사항일 뿐인데, 행위 당시 행위자가 가진 목적에 따라 그 행위와 다른 행위 사이의 관련성 내지 인과관계가 달라진다고 볼 수 없다.

링크 이용자로 하여금 개별적으로 선택한 시간과 장소에서 침해 게시물에 쉽게 접근하여 이용할 수 있도록 하는 것은 링크 행위의 기본적 속성이고, 인터넷상에서 링크 행위를 하는 경우 특정 소수만이 링크의 이용자가 되는 것이 예외적이라고 여겨질 정도로 공중의 구성원이 링크의 이용자가 되는 것이 일반적이다. 따라서 다수 의견이 제시하고 있는 '링크 행위가 공중의 구성원이 개별적으로 선택한 시간과 장소에서 침해 게시물에 쉽게 접근하여 이용할 수 있도록 하는 정도에 이르러야 한다.'는 기준은 링크를 영리적·계속적으로 게시할 때에만 충족되는 것이 아닐뿐더러 링크 행위와 정범의 침해 행위 사이의 인과관계 존재 여부를 결정할 기준이 된다고 보기도 어렵다.

이 사건 링크 행위가 공중송신권 침해의 방조 행위가 될 수 없다고 보아 이 사건 공소사실을 무죄로 판단한 원심 판결은 종전 판례의 견해에 따른 것으로서 정당하고, 거기에 공중송신권 침해 행위의 방조에 관한 법리를 오해하여 판결에 영향을 미친 잘못이 없다.

08. 할아버지가 손자를 입양할 수 있는가?

- 대법원 2021. 12. 23. 2018스5 전합

해설

민법상 부모와 자녀의 관계가 설정되는 경우는 두 가지이다. 첫 번째가 출생에 의한 것이고, 두 번째가 입양에 의한 것이다. 입양은 당사자의 의사 합치에 따라 부모와 자녀 관계를 설정하는 가족법상의 계약이다. 그러나 인륜의 근본이고 가족관계의 핵심인 부모와 자녀 관계를 당사자의 의사만으로 설정하게 하는 것은 문제가 있다. 그래서 존속이나 연장자를 입양하는 것을 금지하고(민법 제877조), 양자가 될 사람은 친부모의 동의를 받아야 하고(민법 제870조 제1항, 제871조 제1항), 미성년자를 입양하려는 사람은 가정법원의 허가를 받아야 한다(민법 제867조 제1항)는 등의 제한을 두고 있다.

당사자의 의사 표시만으로 부모와 자녀 관계를 설정하게 할 경우, 출생에 의한 기존 가족관계와의 충돌, 미성년자의 착취, 사회상규나 법상식에 어긋나는 가족관계의 설정 등의 문제가 발생할 수 있기 때문이다. 본 판례도 부모와 자녀 관계의 설정에서 당사자의 의사 존중과 공익적·사회적 고려라는 상충하는 이익 중 어느 것에 중점을 둘 것인가와 관련된 판례이다. 본 판례의 사실관계는 다음과 같다.

A(1996년생)는 B와의 사이에 갑(甲)을 임신하였고, 2014. 10. 15. 혼인신고 후 갑을 낳았다. 갑이 생후 7개월이 되었을 무렵 A는 갑을 자신의 부모인 C, D 집에 두고 갔고, 그때부터 C, D 가 갑을 양육하고 있다. A와 B는 2015. 9. 18. 협의이혼하였다.

C와 D는 법원에 갑의 입양에 대한 허가를 청구하면서, 갑의 친생부모인 A, B와 교류가 없고 갑이 C와 D를 부모로 알고 성장하였으며 가족이나 친척, 주변 사람들도 C와 D를 갑의 부모로 대하고 있다고 주장하였다. 갑의 친생부모인 A, B는 C와 D의 입양에 동의하였다.

제1심법원은 C와 D의 청구를 기각하였고 이에 C와 D가 항고하였으나, 제2심법원(원심)도 제1심법원의 결정을 유지하였다. 원심은 사건본인(소송이나 심판의 대상이 되는 자, 여기서는 갑을 가리킨다)의 친생모가 생존하고 있는 상태에서 C와 D가 사건본인을 입양하면 C와 D가 외조부모이자 부모가 되고 친생모(A)는 어머니이자 누나가 되는 등 가족의 내부 질서와 친족관계에 중대한 혼란이 초래될 것이 분명한 점 등을 이유로 제1심 결정을 유지하였다. 결국 C와 D는 대법원에 재항고하였다. 대법원은 조부모가 입양할 수 있다고 보아 원심 결정을 파기하고, 사건을 관할 법원으로 이송[16]하는 결정을 하였다.

 본 판례에서는 조부모가 미성년인 손자녀를 입양할 수 있는가가 쟁점이 되었다. 이를 허용한다면 출생을 기준으로 한 가족관계에서는 조부모와 손자녀 관계인데, 입양을 기준으로 할 경우에는 부모와 자녀 관계가 된다. 가족관계의 근본인 부모와 자녀 관계가 조부모와 손자녀 관계와 중첩되면서 다른 친족관계에서도 중복적 신분이 설정된다. 자기의 아버지, 어머니, 삼촌, 이모, 고모와 동시에 형제자매가 되어 전통적 윤리관에서는 받아들이기 어려운 상황이 벌어질 수 있다. 반면, 조부모가 사실상 손자녀의 부모 역할을 하고 있고, 친권자로서의 의무를 행하고 있어서 입양을 허용하는 것이 입양되는 자녀의 교육이나 복지의 측면에서 긍정적인 상황이 전개될 수도 있다. 대법원 다수 의견은 입양 허가를 할 수 있다는 입장이고, 대법관 3인의 반대 의견은 입양 허가를 해서는 안 된다는 입장이다.

 사견으로는 대법관 3인의 반대 의견이 타당해 보인다. 인간

---

16 원심법원으로의 환송 결정이 아니라 관할 법원으로의 이송 결정을 한 것은 원심 결정 이후 가사사건에 대한 전속 관할을 가진 가정법원이 새로 설치되었기 때문이다.

사회의 기본 단위인 가족관계에서 신분이 중복적으로 설정되는 것을 쉽게 용인해서는 안 된다. 조부모라는 신분으로도 손자녀를 부양하는 데 큰 지장이 없기 때문에 중복적 신분 설정의 필요도 없다. 조부모의 손자녀 입양을 허용할 경우 경제적으로 우월한 지위에 있는 조부모가 상대적으로 열악한 지위에 있는 부모를 몰아내는 등의 부작용도 나타날 수 있다.

판례 요약

1) 대법원 다수 의견

입양은 출생이 아니라 법에 정한 절차에 따라 원래는 부모·자녀가 아닌 사람 사이에 부모·자녀 관계를 형성하는 제도이다. 조부모와 손자녀 사이에는 이미 혈족관계가 존재하지만 부모·자녀 관계에 있는 것은 아니다. 민법은 입양의 요건으로 동의와 허가 등에 관하여 규정하고 있을 뿐이고 존속을 제외하고는 혈족의 입양을 금지하고 있지 않다(민법 제877조 참조). 따라서 조부모가 손자녀를 입양하여 부모·자녀 관계를 맺는 것이 입양의 의미와 본질에 부합하지 않거나 불가능하다고 볼 이유가 없다. 조부모가 자녀의 입양 허가를 청구하는 경우에 입양의 요건을 갖추고 입양이 자녀의 복리에 부합한다면 이를 허가할 수 있다. 다만 조부모가 자녀를 입양하는 경우에는, 양부모가 될 사람과 자녀 사이에 이미 조손(祖孫) 관계가 존재하고 있고 입양 후에도 양부모가 여전히 자녀의 친생부 또는 친생모에 대하여 부모의 지위에 있다는 특수성이 있으므로, 이러한 사정이 자녀의 복리에 미칠 영향에 관하여 세심하게 살필 필요가 있다.

법원은 조부모가 단순한 양육을 넘어 양친자로서 신분적 생활관계를 형성하려는 실질적인 의사를 가지고 있는지, 입양의 주된 목적이 부모로서 자녀를 안정적·영속적으로 양육·보호하기 위한 것인지, 친생부모의 재혼이나 국적 취득, 그 밖의 다른 혜택 등을 목적으로 한 것은 아닌지를 살펴보아야 한다. 또한 친생부모의 입양 동의가 자녀 양육과 입양에 관한 충분한 정보를 제공받은 상태에서 자발적이고 확정적으로 이루어진 것인지를 확인하고 필요한 경우 가사 조사, 상담 등을 통해 관련 정보를 제공할 필요가 있다. 그 밖에 조부모가 양육 능력이나 양부모로서의 적합성과 같은 일반적인 요건을 갖추는 것 외에도, 자녀와 조부모의 나이, 현재까지의 양육 상황, 입양에 이르게 된 경위, 친생부모의 생존 여부나 교류 관계 등에 비추어 조부모와 자녀 사이에 양친자관계가 자연스럽게 형성될 것을 기대할 수 있는지를 살피고 조부모의 입양이 자녀에게 도움이 되는 사항과 우려되는 사항을 비교·형량하여, 개별적·구체적인 사안에서 입양이 자녀의 복리에 적합한지를 판단하여야 한다. 심리 과정에서는 입양되는 자녀가 13세 미만인 경우에도 자신의 의견을 형성할 능력이 있다면 자녀의 나이와 상황에 비추어 적절한 방법으로 자녀의 의견을 청취하는 것이 바람직하다.

사건본인(갑)의 친생모(A)가 생존하고 있다고 해서 그 부모인 재항고인들(C, D)이 사건본인(갑)을 입양하는 것을 불허할 이유가 될 수는 없다. 재항고인들이 사건본인을 양육하는 데 지장이 없다는 이유로 양친자관계를 맺으려는 의사를 부정할 수도 없다. 조부모인 재항고인들의 입양으로 가족의 내부 질서와 친족관계에 혼란이 초래될 수 있더라도, 이 사건의 구체적 사정에 비추어 입양이 사건본인의 복리에 더 이익이 된다면 입양을 허가하여야 할 것이다.

이를 위하여 원심은 친생부모나 사건본인 등에 대한 가사 조사, 심문 등을 통해 이 사건에서 구체적으로 친생부모가 사건본인을 양육·부양하지 않고 있는 이유가 무엇인지, 친생부모가 자녀 양육과 입양에 관한 정보를 충분히 제공받은 상태에서 자발적이고 확정적으로 입양에 동의한 것인지, 위와 같은 정보를 충분히 제공받은 이후에도 자녀를 스스로 양육할 의사가 없는지, 현재까지 재항고인들이 사건본인을 어떤 관계로 양육하여 왔고 재항고인들과 사건본인의 친생모 사이에 구체적으로 어느 정도 교류가 있는지, 사건본인의 입양에 대한 의견이 무엇인지, 만일 사건본인이 조부모를 친생부모로 알고 있다면 현재까지 양육 상황이 어떠한지 등 재항고인들의 입양이 사건본인에게 도움이 되는 사항과 우려되는 사항을 구체적으로 심리하고 둘을 비교·형량하여 이 사건 입양이 사건본인의 복리에 더 이익이 되는지 혹은 사건본인의 복리에 반하는지를 판단하였어야 한다.

그런데도 이러한 점을 충분히 심리하지 않은 채 재항고인들의 청구를 기각한 제1심 결정을 유지한 원심 판단에는 조부모에 의한 미성년자 입양에 관한 법리를 오해하여 필요한 심리를 다하지 않아 재판에 영향을 미친 법률 위반의 잘못이 있다. 이를 지적하는 재항고 이유는 정당하다.

2) 대법관 조재연, 민유숙, 이동원의 반대 의견

조부모는 손자녀와 2촌 관계에 있는 직계혈족이다. 직계혈족 사이에는 상호 부양 의무가 있으므로(민법 제974조 제1호), 조부모는 이미 미성년 손자녀에 대하여 부양 의무를 부담하고 있다. 혈족은 친족의 중요 구성범위이고(민법 제767조, 제768조) 생계를 같이 하는지를 불문하고 '가족'에 포함되고(민법 제779조), 동거하는 경우 '가정'에도 포함된다. 이처럼 이미 가까운 혈족인 조부모가 미성년 손자녀를 입양하는 것은 법정 친자관계의 개념에 비추어 부자연스러운 것으로서, 입양의 이유나 목적을 세심하게 심사할 필요가 있다.

입양이 허가될 경우 미성년 손자녀의 친생부모가 존재함에도 그 친생부모의 친권·양육권이 배제되고 조부모가 부모의 지위를 대체하게 된다. 다수 의견은 '조부모가 실질적으로 부모·자녀의 관계를 맺고 생활하려는 의사'가 있다면 입양을 허가할 요건을 갖추었다는 취지로 보인다. 그러나 이 사건에 있어서 조부모의 입양 의사는 조부모가 친생부모를 대체하여 손자녀를 자녀인 것처럼 관계를 맺고 생활할 의사이다. 이 경우 입양 허가의 필요성을 쉽게 인정할 수 있을지 의문이다.

이 사건을 포함하여 조부모가 입양 허가를 청구하는 사건에서는, 조부모가 미성년 손자녀에게 향후 입양 사실에 대하여 묵비하고 자신들이 마치 친생부모인 것처럼 자녀를 양육하겠다고 하는 경우가 종종 있다. 이 경우는 '양친자관계가 아니라 친생자관계와 유사한 관계를 형성하려는 의사'에서 입양 허가를 청구하고 입양의 목적 역시 양친자관계를 형성하는 것이 아니라 이미 존재하던 친생자관계를 배제하고 그 위에 친생자관계를 가장한 관계를 형성하려는 것이라고 볼 수 있다.

비밀 입양은 미성년 자녀의 정체성 혼란을 가져올 우려가 있다는 측면에서도 가볍게 취급할 수 없다. 우리나라는 혈연 중심의 전통문화와 입양에 대한 사회적 편견으로 인해 양부모가 입양 사실을 숨기고 양자를 친생자처럼 키우는 비밀 입양이 많았다. 그러나 입양아동에 대한 경험적인 연구를 통하여 입양 사실을 입양아동과 주변에 공개하는 것이 바람직하다는 논의가 활발히 진행되었다. 입양아동이 입양 사실을 뒤늦게 알게 되면 자아 정체성의 혼란이나 진실을 숨겨온 가족에 대한 불신·배신감으로 정서적·행동적으로 문제가 나타날 수 있고, 가족 내에서 입양 사실을 비밀로 하고 있어 개방적인 의사소통을 하는 데 어려움을 겪는 점 등이 그 이유이다. 사건본인이 친생부모를 형제자매로 알고 지낸 경우, 특히 친생부모가 혼인하여 다른 자녀를 양육하고 있는 경우에는 친생부모에 대한 원망과 배신감이 매우 클 수 있다.

아동권리협약 제7조는 아동은 가능한 한 친생부모에게 양육받을 권리가 있다고 정하고, 국제입양에 관하여 아동권리협약을 구체화한 「국제입양에서 아동 보호와 협력에 관한 헤이그협약」(1993)은 당사국은 우선적으로 아동이 출생한 원가정에서 양육되도록 적절한 조치를 취해야 한다고 정한다. 아동은 태어난 원래 가정인 친생부모에 의해 양육되는 것이 아동의 복리를 위해 가장 바람직하므로, 원가정 양육을 우선시해야 한다는 원칙을 천명한 것으로 이해된다.

다만 친생부모가 사건본인을 양육하기 어려운 현실이 존재하고 원가정 양육 우선의 원칙을 관철할 수 없는 경우도 있다. 이때에는 최대한 원가정에 가까운 형태로 사건본인을 양육할 방법은 없는지, 조부모가 이를 위한 노력을 기울였는지 여부가 입양 허가의 중요한 판단 요소로 고려되어야 한다.

조부모가 입양 허가를 청구하는 사건에서는 친생부모가 어린 나이에(10대에서 20대 초반) 자녀를 출산하고 경제적 능력을 갖추지 못한 경우가 대부분이다. 비록 지금은 양육 의사나 능력이 부족하지만 나이가 들면서 정신적·경제적으로 성장하면 부모로서 다시 자신의 자녀를 양육하려고 할 수 있고, 자녀의 성장 과정을 지켜보면서 양육 의사를 회복할 유인도 상대적으로 크다. 그러나 일단 입양이 이루어지면 친생부모가 양육 의사와 능력을 회복하더라도 스스로 부모의 지위를 회복할 수 없다. 미성년자 입양의 효력을 사후적으로 소멸시킬 수 있는 방법은 재판상 파양에 의하여만 가능한데, 재판상 파양 사유는 제905조 제1호 내지 제4호로 엄격하게 정해져 있다. 위 사유들은 모두 양부모와 양자 사이에서 어느 쪽의 귀책 사유가 존재하거나 중대한 사정 변경이 있을 것을 요구하고 있어서, 입양에 동의했던 친생부모의 양육 능력 회복을 재판상 파양 사유로 보기는 어려울 것이다.

조부모는 미성년 손자녀의 2촌 직계혈족일 뿐 아니라, 그 손자녀의 친생부 또는 친생모와 1촌 관계에 있는 가장 가까운 혈족이고, 앞서 본 바와 같이 손자녀는 물론 그의 친생부모와의 관계에서도 상호 부양 의무를 부담한다. 친생부모가 양육 의사나 능력이 부족하다면 조부모는 친생부모가 사회보장수급권 등 국가적 지원을 받으며 스스로 사건본인을 양육·부양하도록 지지하고 독려하며 때로는 부모로서 채찍질함이 바람직하다.

친생부모의 양육 의사나 능력이 도저히 개선되지 않는 경우에는 일정한 기간 동안 친권 정지·제한(부득이한 경우에는 친권

상실)을 청구하고 미성년후견인으로 선임되어, 후견인으로서 미성년 손자녀에 대한 친권과 양육권을 행사할 수도 있다. 조부모가 입양을 청구하는 경우 법원은, 미성년 손자녀의 2촌 직계혈족일 뿐 아니라 친생부모의 1촌 직계혈족으로서의 지위를 겸유하는 조부모가 위에서 본 노력과 조치를 다하였는지를 먼저 살펴야 한다. 위와 같은 제도와 노력, 지원에도 불구하고 미성년 손자녀를 원가정에서 양육할 수 없는 사정이 존재하는 경우에 비로소 조부모의 입양을 허가할 수 있다.

09.

관습법상 법정지상권은 여전히 관습법으로서 유효한가?

- 대법원 2022. 7. 21. 2017다236749 전합

해설

법을 분류할 때 우선 실정법과 자연법으로 분류하는 것이 일반적이다. 실정법은 실정 제도상 그 사회에서 강제력이 있는 법으로 통용되고 있는 법을 말한다. 반면 자연법은 실정 제도상 인정되는 법인가와 관계없이 당연히 법으로 인정되는 것, 즉 인간의 법 형성 행위 이전에 본래부터 법인 것을 말한다. 법실증주의자들은 실정법만을 법으로 인정하기 때문에 자연법이라는 관념을 인정하지 않는다.

실정법은 법원(法源), 즉 법의 존재 형식에 따라 다시 성문법과 불문법으로 나뉜다. 성문법은 성문, 즉 글로 쓰여진 법규범을 말한다. 성문법에는 헌법, 법률, 명령, 조례, 규칙 등이 있다. 불문법은 성문의 법규는 아니지만 우리가 법이라고 인식하는 것을 말한다. 관습법, 조리 등이 이에 해당한다. 판례를 법으로 인정하는 판례법 국가에서는 최고법원의 판결례를 유사한 사안을 규율할 때 구속력 있는 규범으로 인정하는데 이때 판례는 불문법의 하나[17]가 된다.

관습법은 대표적인 불문법원이다. 관습법은 특정한 거래나 사회관계에서 계속된 관행이 존재하고, 그 관행이 반복되어 일반인이 법이라고 생각할 정도, 즉 법적 확신이 생길 정도에 이르면 관습법이 된다. 관습법의 성립 요건으로서 관행과 법적확신 외에 국가의 확인이 별도로 필요하다는 견해도 있으나 일반적인 견해는 관행과 법적확신만을 관습법의 성립 요건으로 본다. 그러나 현실적으로는 재판에서 법원이 사안에 대한 규율을 위해 관습법의 존재를 확인하고 원용할 때 관습법의 존재가 분명해진다. 왜냐하면 관습법의 성립 요건으로서 관행의 존재와 법적확신 여부는 당사자들 사이에 이견이 있을 수 있는데, 그때 법원이 어느 입장을 취하느냐에 따라 사안이 관습법에 따라 규율되든지 그렇지 않든지 정해지기 때문이다.

본 판례에서 문제된 관습법은 관습법상 법정지상권(法定地上權)이다. 지상권이란 타인의 토지에 건물, 기타 공작물이나 수

---

[17] 판례는 글로 쓰여진 것이지만 성문법이 아니다. 판례는 특정한 분쟁사건에 대한 판결 이유와 결론을 기록한 판결문이지 법규처럼 사안을 규율하려는 목적으로 쓰여진 것이 아니다. 그러므로 사안을 규율하는 법규를 판결문으로부터 도출해야 한다. 그래서 판례는 성문법이 아니라 불문법의 일종인 것이다.

목을 소유하기 위하여 그 토지를 사용하는 권리를 말한다(민법 제279조). 지상권은 당사자 간에 계약[18]으로 설정되는 것이 원칙인데 이를 약정지상권이라 한다. 예외적으로 법에서 정한 사유가 발생하면 건물 등 소유자에게 당연히 인정되는 지상권이 있는데, 이를 법정지상권이라 한다.

민법은 전세권과 저당권 관련 규정에서 법정지상권을 규정하고 있고,[19] 그 밖에 특별법에서 정하고 있는 경우도 있다.[20] 그런데 종래 대법원은 이와 같이 법률로 정해진 경우 외에 관습법상 법정지상권을 인정해왔다. 즉 동일인 소유이던 토지와 그 지상 건물이 매매, 증여 등 법률행위로 인하여 각각 소유자를 달리하게 되었을 때 그 건물 철거 특약이 없는 한 건물 소유

---

18 통상 건물 소유자와 토지 소유자 간에 체결된다.

19 민법 제305조(건물의 전세권과 법정지상권) ① 대지와 건물이 동일한 소유자에 속한 경우에 건물에 전세권을 설정한 때에는 그 대지소유권의 특별승계인은 전세권 설정자에 대하여 지상권을 설정한 것으로 본다. 그러나 지료는 당사자의 청구에 의하여 법원이 이를 정한다.
민법 제366조(법정지상권) 저당물의 경매로 인하여 토지와 그 지상건물이 다른 소유자에 속한 경우에는 토지 소유자는 건물 소유자에 대하여 지상권을 설정한 것으로 본다. 그러나 지료는 당사자의 청구에 의하여 법원이 이를 정한다.

20 「가등기담보 등에 관한 법률」 제10조(법정지상권) 토지와 그 위의 건물이 동일한 소유자에게 속하는 경우 그 토지나 건물에 대하여 제4조제2항에 따른 소유권을 취득하거나 담보가등기에 따른 본등기가 행하여진 경우에는 그 건물의 소유를 목적으로 그 토지 위에 지상권이 설정된 것으로 본다. 이 경우 그 존속기간과 지료는 당사자의 청구에 의하여 법원이 정한다.
「입목에 관한 법률」 제6조(법정지상권) ① 입목의 경매나 그 밖의 사유로 토지와 그 입목이 각각 다른 소유자에게 속하게 되는 경우에는 토지소유자는 입목소유자에 대하여 지상권을 설정한 것으로 본다.
② 제1항의 경우에 지료에 관하여는 당사자의 약정에 따른다.

자가 법정지상권을 취득한다는 관습법을 인정해왔던 것이다.

본 판례는 대법원이 2022년 7월 21일 선고한 전원합의체 판결로서 관습법과 관련한 법적확신의 유지와 관련한 판례이다. 본 판례의 사실관계는 다음과 같다.

A는 자기 소유의 토지 위에 각 건물을 신축하였다. 이 건물들에 대해서는 등기가 경료되지 않았다.[21] A가 1994. 9. 30. 사망하자, 처인 B와 자녀인 C, D는 이 사건 토지를 B의 단독 소유로 한다는 내용의 상속재산 분할 협의를 하였고, B는 2010. 7. 1. 이 사건 토지에 관하여 위 협의 분할을 원인으로 소유권이전등기를 마쳤다. B는 2010. 8. 23. C에게 이 사건 토지를 증여하고 그 소유권이전등기를 마쳤으며, 2012. 3. 12. 사망하였다.[22] 갑(甲)은 2014. 1. 21. 부동산 임의경매 절차에서 이 사건 토지를 매수하였다.

갑은 C, D에 대하여 이 사건 각 건물의 철거와 토지의 인도 및 부당이득반환으로서 토지의 차임 상당액의 지급을 구하는 소송을 제기하였다. C, D는 자신들이 관습법상 법정지상권을

---

21 판례는 미등기건물을 위해서도 (관습법상) 법정지상권의 성립 가능성을 인정한다(대법원 1988. 4. 12. 87다카2404; 대법원 2004. 6. 11. 2004다13533).

22 기존 판례의 입장(대법원 1977. 7. 26. 76다388)에 따르면 토지의 소유자인 B가 지상 건물을 C, D와 공유하면서 토지만 C에게 증여한 경우, 건물 공유자인 D는 관습법상 법정지상권을 취득하고, B도 관습법상 법정지상권을 취득하는데, 사망하였으므로 자녀인 C, D에게 다시 상속되었다.

취득했다고 주장하였다. 소송은 제1심을 거쳐 제2심에 이르렀는데, 제2심(원심)은 B가 2010. 8. 23. C에게 이 사건 토지를 증여할 당시 이 사건 각 건물 전부의 소유자는 아니고 상속 지분에 따른 공유자에 불과하였으므로, 그 증여 당시 이 사건 토지와 이 사건 각 건물의 소유권이 동일인에게 속하였다고 볼 수 없다는 이유로 C, D가 관습법상 법정지상권을 취득하지 못한다고 판단하였다. C, D는 대법원에 상고하였고, 대법원은 C, D의 상고를 받아들여 원심 판결을 파기하고 사건을 원심법원에 환송하였다.

본 판례에서는 관습법상 법정지상권이 여전히 관습법으로서 유효한지가 문제되었다. 대법원 다수 의견은 여전히 관습법상 법정지상권을 인정해야 한다는 입장이고, 대법관 1인의 반대 의견은 관습법상 법정지상권을 부정하는 입장이다.

사견으로는 대법관 1인의 반대 의견과 같이 관습법상 법정지상권을 부정하는 것이 타당하다고 본다. 동일인 소유이던 토지와 그 지상 건물이 매매나 증여 등과 같이 법률행위에 의하여 소유자가 달라진 경우에는 당사자가 토지 사용 관계에 관하여 교섭하여 약정지상권이나 임차권을 설정할 수 있는데도, 토지 사용 관계에 관하여 교섭하지 않은 당사자들을 위하여 법정지상권을 관습법으로 인정하는 것은 타당하지 않다. 그리고 토지 사용 관계에 대한 사전 교섭이 어려운 법률관계에 예외적으로 민법이나 특별법에서 법정지상권을 규정한 취지를 고려하면 법률에 규정되지 않은 영역에서는 법정지상권을 인정할 필요가 없다는 것인데, 그에 반하여 관습법이라는 이름으로 법정지상권을 인정하는 것은 법정지상권의 입법 태도와도 상충된다.

판례 요약

1) 대법원 다수 의견

동일인 소유이던 토지와 그 지상 건물이 매매 등으로 인하여 각각 소유자를 달리하게 되었을 때 그 건물 철거 특약이 없는 한 건물 소유자가 법정지상권을 취득한다는 관습법은 현재에도 그 법적 규범으로서의 효력을 여전히 유지하고 있다고 보아야 한다. 구체적인 이유는 아래와 같다.

우리 법제는 토지와 그 지상 건물을 각각 별개의 독립된 부동산으로 취급하고 있으므로, 동일인 소유이던 토지와 그 지상 건물이 매매 등으로 인하여 각각 소유자를 달리하게 되었을 때 토지 소유자와 건물 소유자 사이에 대지의 사용관계에 관하여 별다른 약정이 없는 이상 일정한 범위에서 건물의 가치가 유지될 수 있도록 조치할 필요가 있다. 관습법상 법정지상권은 바로 이러한 상황에서 건물의 철거로 인한 사회경제적 손실을 방지할 공익상의 필요에 의해 인정되는 것이다.

민법 제305조의 법정지상권, 민법 제366조의 법정지상권, 「입목에 관한 법률」 제6조의 법정지상권, 가등기담보 등에 관한 법률 제10조의 법정지상권도 모두 동일인 소유이던 토지와 그 지상 건물이나 입목이 각각 일정한 사유에 의해 소유자를 달리하게 되었을 때 건물이나 입목의 가치를 유지시키기 위해 마련된 제도이다. 판례는 동일인 소유이던 토지와 그 지상 건물이 매매 등으로 인하여 각각 소유자를 달리하게 되었을 때 건물 소유자와 토지 소유자 사이에 대지의 사용관계에 관하여 어떠한 약정이 있다면 이를 우선적으로 존중하므로, 관습법상 법정지상권은 당사자 사이에 아무런 약정이 없을 때 보충적으로 인정된다고 볼 수 있다. 이러한 점을 고려하면, 관습법상 법정지상권을 인정하는 것이 헌법을 최상위 규범으로 하는 전체 법질서에 부합하지 아니하거나 그 정당성과 합리성을 인정할 수 없다고 보기 어렵다.

관습법상 법정지상권에는 특별한 사정이 없는 한 민법의 지상권에 관한 규정이 준용되므로, 당사자 사이에 관습법상 법정지상권의 존속 기간에 대하여 따로 정하지 않은 때에는 그 존속 기간은 민법 제281조 제1항에 의하여 민법 제280조 제1항 각호에 규정된 기간이 된다. 이에 따라 견고한 건물의 소유를 목적으로 하는 법정지상권의 존속 기간은 30년이 되고(민법 제280조 제1항 제1호), 그 밖의 건물의 소유를 목적으로 하는 법정지상권의 존속 기간은 15년이 되는 등(민법 제280조 제1항 제2호) 관습법상 법정지상권은 일정한 기간 동안만 존속한다. 토지 소유자는 관습법상 법정지상권을 가진 건물 소유자에 대하여 지료(地料, 지상권자가 토지 사용의 대가로 토지 소유자에게 지급하는 금전이나 그 외의 물건)를 청구할 수 있는데, 그 지료를 확정하는 재판이 있기 전에도 지료의 지급을 소구할 수 있다. 이와 같이 관습법상 법정지상권을 인정하는 것에 대응하여 토지 소유자를 보호하고 배려하는 장치도 함께 마련되어 있다.

대법원이 관습법상 법정지상권을 관습법의 하나로 인정한 이래 오랜 기간이 지나는 동안 우리 사회에서 토지의 가치나 소유권 개념, 토지 소유자의 권리의식 등에 상당한 변화가 있었다고 볼 수 있다. 그러나 그렇다고 보더라도 여전히 이에 못지않게 건물의 철거로 인한 사회경제적 손실을 방지할 공익상의 필요성이나 건물 소유자 혹은 사용자의 이익을 보호할 필요성도 강조되고 있다. 관습법상 법정지상권에 관한 관습에 대하여 사회 구성원들의 법적 구속력에 대한 확신이 소멸하였다거나 그러한 관행이 본질적으로 변경되었다고 인정할 수 있는 자료도 찾아볼 수 없다.

원심은 B가 2010. 8. 23. C에게 이 사건 토지를 증여할 당시 이 사건 각 건물 전부의 소유자는 아니고 상속 지분에 따른 공유자에 불과하였으므로, 그 증여 당시 이 사건 토지와 이 사건 각 건물의 소유권이 동일인에게 속하였다고 볼 수 없다는 이유만으로 C, D가 관습법상 법정지상권을 취득하지 못한다고 판단하였다. 그러나 대지 소유자가 그 지상 건물을 다른 사람과 공유하면서 대지만을 타인에게 매도한 경우 건물 공유자들은 대지에 관하여 관습법상 법정지상권을 취득한다(대법원 1977. 7. 26. 76다388). 따라서 이 사건 토지의 소유자인 B가 그 지상의 이 사건 각 건물을 C, D와 공유하면서 이 사건 토지만 타인에게 증여한 경우에도 건물 공유자들인 C, D는 특별한 사정이 없는 한 이 사건 토지에 관하여 관습법상 법정지상권을 취득하였다고 볼 여지가 있다.

원심으로서는 관습법상 법정지상권의 다른 성립 요건이 갖추어졌는지 등을 심리하여 법정지상권을 취득하였다는 C, D의 주장에 대해 판단하였어야 했다(C는 이 사건 토지를 증여받아 소유권을 취득하였다가 원고가 임의경매 절차에서 이 사건 토지를 매수함으로써 민법 제366조의 법정지상권을 취득하였다고 볼 여지도 있으므로, 원심으로서는 C에 대하여 석명권을 행사하여 그 주장 취지가 무엇인지 명확하게 할 필요가 있다). 원심의 판단에는 관습법상 법정지상권의 성립 등에 관한 법리를 오해하고 석명권(법원이 사건의 진상을 명확히 하기 위하여 당사자에게 사실상 및 법률상의 사항에 관하여 질문을 하고, 입증을 촉구하는 권한)을 행사하는 등으로 필요한 심리를 다하지 아니하여 판결에 영향을 미친 잘못이 있다. 이를 지적하는 C, D의 상고 이유 주장은 이유 있다.

2) 대법관 김재형의 반대 의견

민법 제305조(건물의 전세권과 법정지상권)와 제366조(법정지상권)는 동일인 소유이던 토지와 그 지상 건물의 소유자가 달라졌을 당시 당사자가 토지의 사용관계에 관하여 교섭할 수 없었던 상황에서 법정지상권을 인정하는 것이다. 이러한 법정지상권은 당사자의 의사를 매개로 하는 것이 아니라 법률 규정에 따라 인정된다. 그런데 동일인 소유이던 토지와 그 지상 건물이 매매나 증여 등과 같이 법률행위에 의하여 소유자가 달라진 경우에는 당사자가 토지의 사용관계에 관하여 교섭할 수 있으므로, 민법은 이에 관한 아무런 규정을 두지 않은 것이다. 그런데도 당사자의 의사를 매개로 하여 법정지상권과 같은 효력을 관습법으로 인정하는 것은 타당하지 않다. 대법원은 관습법상 법정지상권에 관하여 건물 소유자가 대지에 아무런 권리가 없다는 이유로 건물을 철거하도록 한다면 사회경제상의 불이익이 많으므로 이러한 불이익을 제거하기 위하여 인정된 제도라고 설명한다(대법원 1993. 12. 28. 93다26687 등).

그러나 공익상의 필요는 관습법이 성립되기 위한 요건이 아니다. 위와 같은 설명은 대법원이 인정해온 관습법상 법정지상권이 본래 의미의 관습법과는 거리가 멀다는 점을 보여준다. 관습법상 법정지상권은 대법원이 건물의 존속이라는 공익상 목표를 달성하기 위하여 관습법이라는 이름을 빌려 새로운 법형성을 하였다고 볼 수 있다. 요컨대, 동일인 소유이던 토지와 그 지상 건물이 매매 등으로 소유자가 달라질 때 법정지상권이라는 물권이 성립한다는 관습은 관습법의 성립 요건을 갖추었다고 볼 수 없다.

관습법상 법정지상권이 과거의 어느 시점에서 관습법으로서의 성립 요건을 모두 갖추었다고 하더라도, 현재에 이르러서는 사회 구성원들이 그러한 관행의 법적 구속력에 대하여 확신을 갖지 않게 되었고, 또한 이러한 관습법은 헌법을 최상위 규범으로 하는 전체 법질서에 부합하지 않는다. 따라서 관습법상 법정지상권은 법적 규범으로서 효력을 인정할 수 없다고 보아야 한다. 그 이유는 다음과 같다.

관습법상 법정지상권을 인정하는 것은 당사자의 의사에 부합하지 않으므로 사적 자치의 원칙에 반할 뿐만 아니라 건물 소유자의 이익을 보호하기 위하여 토지 소유자에게 지나친 희생을 강요한다. 토지 소유자와 건물 소유자 사이에 토지의 사용관계에 관하여 채권적 약정을 하는 것만으로도 건물 소유자가 건물의 부지를 계속 사용할 수 있고, 건물의 철거로 인한 사회경제상의 불이익도 막을 수 있다. 건물의 소유를 목적으로 한 토지임대차는 그 지상 건물의 등기만으로도 제3자에 대하여 효력이 생긴다(민법 제622조 제1항). 그런데도 일률적으로 건물 소유자가 법정지상권을 취득한다고 보는 것은 토지 소유자의 이익을 과도하게 침해하는 결과가 된다.

관습법상 법정지상권은 위와 같이 토지 소유자에게 지나친 부담을 부과함에 따라 토지의 효율적 이용을 저해한다. 과거에는 이미 건축되어 존재하는 건물을 철거하는 것은 사회경제적인 손실이 크다고 여겨졌다. 그러나 현재에는 도시 기능의 회복이 필요하거나 불량한 주거 환경을 정비하고 노후·불량 건축물을 효율적으로 개량하기 위한 필요성이 점점 커지고 있고, 이에 따라 기존 건물을 철거하여 새로운 건물을 신축할 필요도 있다. 예를 들어 도시 환경의 개선과 주거 생활의 질을 높일 목적으로「도시 및 주거환경정비법」이 제정되어 있고, 이에 따른 주거 환경 개선사업, 재개발·재건축사업이 널리 시행되고 있으며, 이에 대한 국민들의 관심도 높다.

관습법상 법정지상권을 인정하는 것은 거래의 안전과 법적 안정성을 해칠 뿐만 아니라 거래 비용을 증가시켜 사회 전체의 효율을 떨어뜨린다. 등기사항증명서만 보고 토지를 취득한 제3자는 관습법상 법정지상권이라는 예측하지 못한 부담을 떠안을 수 있다. 건물이 세워져 있는 토지를 취득하려는 사람이 건물의 존재를 확인하였다는 것만으로 관습법상 법정지상권의 존재를 정확하게 알 수 있는 것도 아니다. 위에서 보았듯이 종래 판례는 건물 소유자와 토지 소유자 사이에 채권적 약정이 있는 경우에는 관습법상 법정지상권이 인정되지 않는다고 한다(대법원 2008. 2. 15. 2005다41771,41788). 그렇다면 토지를 취득하려는 사람은 그러한 채권적 약정의 존부를 확인해 보아야만 비로소 관습법상 법정지상권의 성립 여부를 알 수 있다. 이러한 사정은 토지에 대해 강제경매가 개시된 경우에도 마찬가지이다. 강제경매 절차에서 작성되는 매각물건명세서에는 '매각에 따라 설정된 것으로 보게 되는 지상권의 개요'를 적어야 하는데(민사집행법 제105조 제1항 제4호), 실무에서는 '법정지상권이 성립할 여지가 있음'이라고만 적는 경우가 많다. 이러한 실무에 따르면 경매 절차에 참여하여 토지를 매각받기를 희망하는 사람이 해당 토지에 관습법상 법정지상권이 성립하는지 여부를 쉽게 알 수 없다.

관습법상 법정지상권을 인정함에 따라 토지의 효율적 이용 저해, 거래 안전과 법적 안정성 훼손 등 여러 불합리가 생기는데도 사회 구성원들이 관습법상 법정지상권의 법적 구속력에 대하여 확신을 갖는다고 보기 어렵다.

이상에서 보았듯이 동일인 소유이던 토지와 그 지상 건물이 매매 등으로 소유자가 달라질 때 법정지상권이 성립한다는 관습은 관습법의 성립 요건을 갖추었다고 볼 수 없다. 설령 위와 같은 관습법이 성립하였다고 하더라도 현재에 이르러서는 사회 구성원들이 그 법적 구속력에 대하여 확신을 갖지 않게 되었고, 또한 헌법을 최상위 규범으로 하는 전체 법질서에 부합하지 않으므로, 법적 규범으로서의 효력을 인정할 수 없다. 결국 대법원 1967. 11. 14. 67다1105 판결 등을 비롯하여 관습법상 법정지상권을 널리 인정하는 종래의 판례는 모두 폐기되어야 한다.

위에서 본 법리에 비추어 보면, 관습법상 법정지상권을 취득하였다는 C, D의 항변은 주장 자체로 받아들일 수 없다.

10.

피상속인의 자녀 전부가 상속을 포기한 경우, 배우자가 단독상속인이 되는가?

- 대법원 2023. 3. 23. 2020그42 전합

해설

근대 민법의 3대 원칙은 소유권 절대의 원칙,[23] 사적 자치의 원칙,[24] 자기 책임의 원칙[25]이다. 특히 소유권 절대의 원칙과 사적 자치의 원칙은 근대 자본주의 경제체제의 법률적 토대가 되었다. 그중에서도 소유권 절대의 원칙은 자본주의 경제발전의 핵심적인 동인이다. 경제 주체에게 자본에 대한 소유권이 보장될 때 주체들은 이를 증식하고자 하는 무한정의 욕망을 드러낸다. 소유권이 한 개인의 개별적 생애 동안에 보장되는 것도 중요하지만 개인적 생애를 초월하여 보장된다면 소유를 확대하

---

23 사유 재산권 보장의 원칙이라고도 한다.
24 사적 자치의 원칙에서 대표적인 것이 계약 자유의 원칙이다.
25 과실 책임의 원칙이라고도 한다.

여 축적하려는 욕망은 훨씬 더 자극될 것이다.

소유권의 영속적 보장을 위한 법적 장치로 법인 제도와 상속 제도를 생각해볼 수 있다. 개인이 축적한 부를 자신이 대표 및 최대주주로 있는 법인의 소유로 하고, 자기 후손에게 대표 지위를 넘겨주는 것이 법인 제도를 이용하는 방식이다. 그러나 대표 지위의 사적인 승계는 법인의 공적인 성격이 강화되면서 상당한 제한을 받게 되었다. 그리고 최대 주주의 지위는 상속, 증여, 매매와 같은 별도의 법적 행위를 통해야 한다. 반면, 상속 방식은 사적 승계에 거의 제한이 없다. 상속 제도는 특정인의 재산이 그 특정인의 사망 등을 원인으로 그 특정인의 후손에게 직접 승계되는 것을 법률이 인정하는 제도이다. 개인의 소유권이 소유권 주체가 사망한 경우에도 혈연관계에 있는 후손에게 직접 승계된다는 점에서 상속이야말로 본질적인 사적 소유권의 확장으로 볼 수 있는 것이다.

그런데 현대의 상속 제도는 적극재산(소유권, 기타 재산권)의 승계와 함께 소극재산(채무)도 승계시킨다. 자신의 재산을 후손에게 물려줄 뿐만 아니라 빚도 물려주는 것이다. 빚을 물려받는 입장에서는 자신의 의사와 관계없이 고액의 채무를 부담하게 될 경우 불의의 경제적 타격을 입을 수 있다. 그래서 상속인[26]이 피상속인의 적극재산과 소극재산을 비교하여 소극재산

---

26 사망을 원인으로 개시되는 상속에서 사망자가 피상속인이고, 상속재산을 물려받는 자가 상속인이다.

이 많을 경우 상속의 구속에서 벗어날 수 있는 제도를 마련해 두고 있는데, 그것이 상속 포기이다(민법 제1019조, 제1041조).[27] 본 판례는 공동상속인 중 일부의 상속 포기의 효과와 피상속인의 배우자의 상속 순위와 관련한 판례이다.

본 판례는 대법원의 2023년 3월 23일자 전원합의체 결정의 판결이며, '그' 사건은 민사특별항고사건을 말한다. 특별항고란 불복 방법이 인정되지 않는 결정·명령에 대하여 재판에 영향을 끼친 헌법 또는 법률의 위반이 있음을 이유로 대법원에 불복하는 항고를 말한다. 본 판례의 사실관계를 요약해본다.

갑(甲)은 을(乙)을 상대로 구상금 청구의 소를 제기하여 2011. 2. 16. 승소 판결을 받았고, 위 판결은 2011. 3. 31. 확정되었다. 을은 2015. 4. 16. 사망하였는데, 사망 당시 아내 A와 4명의 자녀들이 있었다. 을이 사망하자 A는 상속한정승인 신고를 하여 2015. 8. 7. 수리 심판을 받았고, 4명의 자녀들은 모두 상속 포기 신고를 하여 2015. 8. 3. 수리 심판을 받았다. 한편, B와 C는 을의 사망 당시 그의 손자녀들로서 만 18세, 만 10세였다. 갑은 A와 B, C가 을을 공동상속하였다는 이유로 이들을 상대로 을에 대한 위 확정 판결에 관하여 승계집행문(판결에 표시된 채권자의 승계인을 위하여 또는 채무자의 승계인에 대하여 강제

---

27 적극재산과 소극재산의 비교가 어려울 경우 물려받은 재산의 한도에서 채무를 부담하도록 하는 제도가 한정승인이다(민법 제1019조, 제1028조).

집행을 하는 경우에 부여되는 집행문) 부여 신청을 하여 2020. 2. 6. 승계집행문을 부여받았다.

B와 C는 을의 상속인이 아니라는 이유로 이 사건 승계집행문 부여에 대한 이의를 신청하였다. 원심법원은 이의 신청을 받아들이지 않았다. 이에 B와 C는 대법원에 특별항고를 제기하였다. 대법원은 B와 C의 특별항고를 받아들여 원심 결정을 파기하고 사건을 원심법원에 환송하였다.

본 판례의 쟁점은 피상속인(망인)의 배우자와 자녀 중 자녀 전부가 상속을 포기한 경우 배우자가 단독상속인이 되는지, 배우자와 피상속인의 손자녀가 공동상속인이 되는지 여부이다. 기존 대법원은 피상속인에게 손자녀 또는 직계존속이 있으면 배우자가 그 손자녀 또는 직계존속과 공동상속인이 된다고 판시하였다(대법원 2015. 5. 14. 2013다48852).

이 쟁점에 대한 이해를 위해서는 우리 민법의 공동상속인에 대한 규정체계를 먼저 알 필요가 있다. 상속에 있어서는 ① 피상속인의 직계비속, ② 피상속인의 직계존속, ③ 피상속인의 형제자매, ④ 피상속인의 4촌 이내의 방계혈족의 순위로 상속인이 되고(민법 제1000조 제1항), 동순위의 상속인이 수인인 때에는 최근친을 선순위로 하고 동친 등의 상속인이 수인인 때에는 공동상속인이 된다(민법 제1000조 제2항). 피상속인의 배우자는 직계비속, 직계존속의 상속인이 있는 경우에는 그 상속인과 동순위로 공동상속인이 되고 그 상속인이 없는 때에는 단독상속인이 된다(민법 제1003조). 그리고 상속인이 여러 명인 경우에 어느 상속인이 상속을 포기한 때에는 그 상속분은 다른 상속인의 상속분의 비율로 그 상속인에게 귀속된다(민법 제1043조).

이 판례에서는 피상속인이 사망할 당시 아내, 자녀들, 손자녀들이 있었다. 이 경우에 민법 제1000조 제1항에 따라 피상속인의 자녀들과 손자녀들은 모두 피상속인의 직계비속으로서 1순위 상속인이다. 그런데 민법 제1000조 제2항은 동순위의 상속인이 수인인 때에는 최근친을 선순위로 한다고 했으므로 일단 자녀들이 상속인이 되고 자녀가 여러 명이므로 이들은 공동상속인이 된다. 그리고 민법 제1003조에 따라 아내는 자녀들과 공동상속인이 된다. 이때 자녀들이 모두 상속을 포기한 경우, 아내가 아들들의 상속분을 귀속받아 단독상속인이 되느냐 아니면, 아들들의 상속 포기로 직계비속으로서 후순위였던 손자녀들이 아내와 공동상속인이 되느냐가 문제가 된 것이다.

이 문제에 대한 답은 민법 제1003조를 적용할 것이냐, 아니면 민법 제1043조를 적용할 것이냐에 따라 달라진다. 민법 제1003조를 적용하면 피상속인의 자녀들이 상속을 포기했더라도 다음 순위의 직계비속인 피상속인의 손자녀들이 있고, 피상속인의 배우자는 직계비속인 상속인이 있으므로 그들과 공동상속인이 되어야 한다. 반면, 민법 제1043조를 적용하면 피상속인의 자녀들과 배우자는 공동상속인이었는데, 공동상속인

중 자녀들이 모두 상속을 포기했으므로 나머지 상속인인 배우자가 단독상속인이 되는 것이다.

대법원 다수 의견은 피상속인의 아내만이 단독상속인이 된다고 해석했고, 대법관 2인의 반대 의견은 피상속인의 손자녀들이 피상속인의 아내와 공동상속인이 된다고 해석했다.

사견으로는 대법원 다수 의견이 타당해 보인다. 이 경우에는 민법 제1043조를 적용하여 피상속인의 자녀들이 상속을 포기했으므로 공동상속인 중 남아 있는 피상속인의 아내에게 모든 상속분이 귀속되어 피상속인의 아내만이 단독상속인이 된다고 해석하는 것이 문리적으로 자연스럽다. 또한 상속 포기가 대개 적극재산보다 소극재산이 많을 경우 이루어진다는 점을 감안하면, 피상속인의 자녀가 물려받을 재산보다 빚이 많아 상속 포기를 했는데, 상속 포기자의 자녀인 피상속인의 손자녀가 다시 피상속인의 아내와 공동상속인이 된다는 것은 당사자들의 의사에도 합치되지 않는다.

판례 요약

1) 대법원 다수 의견

공동상속인인 배우자와 자녀들 중 자녀 일부만 상속을 포기한 경우에는 민법 제1043조에 따라 상속 포기자인 자녀의 상속분이 배우자와 상속을 포기하지 않은 다른 자녀에게 귀속된다. 이와 동일하게 공동상속인인 배우자와 자녀들 중 자녀 전부가 상속을 포기한 경우 민법 제1043조에 따라 상속을 포기한 자녀의 상속분은 남아 있는 '다른 상속인'인 배우자에게 귀속되고, 따라서 배우자가 단독상속인이 된다. 이에 비하여 피상속인의 배우자와 자녀 모두 상속을 포기한 경우 민법 제1043조는 적용되지 않는다. 민법 제1043조는 공동상속인 중 일부가 상속을 포기한 경우만 규율하고 있음이 문언상 명백하기 때문이다.

특히 상속의 포기는 피상속인의 상속재산 중 소극재산이 적극재산을 초과하는 경우의 상속(이하 '채무상속')에서 중요한 의미를 가진다. 상속을 포기한 피상속인의 자녀들은 피상속인의 채무가 자신은 물론 자신의 자녀에게도 승계되는 효과를 원천적으로 막을 목적으로 상속을 포기한 것이라고 보는 것이 자연스럽다. 상속을 포기한 피상속인의 자녀들이 자신은 피상속인의 채무 승계에서 벗어나고 그 대가로 자신의 자녀들, 즉 피상속인의 손자녀들에게 상속채무를 승계시키려는 의사가 있다고 볼 수는 없다. 그런데 피상속인의 배우자와 자녀들 중 자녀 전부가 상속을 포기하였다는 이유로 피상속인의 배우자와 손자녀 또는 직계존속이 공동상속인이 된다고 보는 것은 위와 같은 당사자들의 기대나 의사에 반하고 사회 일반의 법감정에도 반한다.

대법원 2015. 5. 14. 2013다48852 판결(이하 '종래 판례')에 따라 피상속인의 배우자와 손자녀 또는 직계존속이 공동상속인이 되었더라도 그 이후 피상속인의 손자녀 또는 직계존속이 다시 적법하게 상속을 포기함에 따라 결과적으로는 피상속인의 배우자가 단독상속인이 되는 실무례가 많이 발견된다. 결국 공동상속인들의 의사에 따라 배우자가 단독상속인으로 남게 되는 동일한 결과가 되지만, 피상속인의 손자녀 또는 직계존속에게 별도로 상속 포기 재판 절차를 거치도록 하고 그 과정에서 상속채권자와 상속인들 모두에게 불필요한 분쟁을 증가시키며 무용한 절차에 시간과 비용을 들이는 결과가 되었다. 따라서 피상속인의 배우자와 자녀 중 자녀 전부가 상속을 포기한 경우 배우자가 단독상속인이 된다고 해석함으로써 법률관계를 간명하게 확정할 수 있다.

이상에서 살펴본 바와 같이 상속에 관한 입법례와 민법의 입법 연혁, 민법 조문의 문언 및 체계적·논리적 해석, 채무상속에서 상속 포기자의 의사, 실무상 문제 등을 종합하여 보면, 피상속인의 배우자와 자녀 중 자녀 전부가 상속을 포기한 경우에는 배우자가 단독상속인이 된다고 봄이 타당하다. 이와 달리 피상속인의 배우자와 자녀 중 자녀 전부가 상속을 포기한 경우 배우자와 피상속인의 손자녀 또는 직계존속이 공동상속인이 된다는 취지의 종래 판례는 이 판결의 견해에 배치되는 범위 내에서 변경하기로 한다.

2) 대법관 이동원, 노태악의 반대 의견

　피상속인의 자녀 전부가 상속을 포기한 경우 그 자녀 전부는 처음부터 상속인이 아니었던 것으로 보아야 한다. 혈족 상속인 중 자녀를 처음부터 상속인이 아니었던 것으로 보면 민법 제1000조 제2항에 따라 그다음 순위인 피상속인의 손자녀가 혈족 상속인이 되고, 만약 피상속인에게 손자녀 등 직계비속이 아무도 없다면 민법 제1000조 제1항에 따라 피상속인의 직계존속이 혈족 상속인이 된다. 이는 피상속인에게 배우자가 있었던 경우에도 마찬가지로 보아야 한다. 민법 제1000조 제1항, 제2항의 규율은 피상속인에게 배우자가 있는지 여부를 묻지 않고 적용되기 때문이다.

　민법 제1043조는 민법 제1000조, 제1003조에서 규정하는 상속인 결정의 원칙을 전제로 해석하여야 한다. 민법 제1043조의 해석으로 상속인을 변경한다면 민법 제1000조, 제1003조에서 정한 상속인 결정의 원칙이 무너지기 때문이다. 즉 피상속인의 배우자는 피상속인에게 직계비속 또는 직계존속이 있다면 반드시 그들과 공동상속을 하여야 하는데, 피상속인에게 손자녀 또는 직계존속이 있음에도 민법 제1043조를 들어 배우자가 단독상속인이 된다고 해석하는 것은 위와 같은 상속인 결정의 원칙에 반하게 된다. 그렇다면 민법 제1043조에 따라 상속 포기자의 상속분이 귀속되는 상속인은 민법 제1000조, 제1003조 등에 따라 정해지는 상속인을 의미하고, 상속 포기자의 상속분은 위와 같이 종국적으로 정해진 상속인의 상속분이 민법 제1009조에서 정한 법정상속분의 비율로 산정되도록 해당 상속인에게 귀속되어야 한다고 해석하여야 한다.

상속을 포기한 상속인의 진정한 의도와 목적이 무엇인지는 외부에서 쉽게 알 수 없다. 따라서 상속 포기의 효력은 법률에 규정된 대로만 인정하여야 하고, 상속인의 의사와 목적을 고려하여 상속 포기의 효력을 정할 수는 없다. 상속 순위와 상속인 결정의 원칙도 당사자의 의사로 변경할 수 없다. 여러 제도를 통해 상속채무를 승계하는 상속인을 충분히 보호할 수 있으므로, 상속채무를 승계하는 상속인의 보호 문제는 종래 판례를 변경할 이유가 되지 못한다.

종래 판례가 피상속인의 배우자와 자녀 중 자녀 전부가 상속을 포기한 경우 배우자와 피상속인의 손자녀 또는 직계존속이 공동상속인이 된다고 한 이후 위 판결에 따라 상속이 이루어진다는 전제에서 오랫동안 법률관계가 형성되어 왔다. 이러한 상황에서 피상속인의 배우자와 자녀 중 자녀 전부가 상속을 포기한 경우 손자녀 또는 직계존속이 있더라도 배우자가 단독상속인이 된다는 내용으로 판례를 변경하게 되면 종래 형성된 법률관계의 안정에 심각한 혼란을 초래하게 된다.

헌법재판소 판례

01. 준법서약서는 양심의 자유를 침해하는가?

- 헌재 2002. 4. 25. 98헌마425

해설

1945년 8월 15일 일제의 패망 이후, 해방 정국에서의 좌우 이념 대립, 그리고 남북 분단과 전쟁을 거치면서 한반도는 좌우 이데올로기 대립이 세계에서 가장 첨예한 지역 중 하나가 되었다. 공산주의 국가나 민주주의가 정착되지 못한 국가들의 경우에는 사상범(혹은 정치범)이 상당수 존재할 수 있지만, 민주주의가 정착한 자유주의 국가에서는 사상범이 존재하기 어렵다. 그러나 우리나라는 민주주의가 정착한 자유주의 국가이면서도 여전히 사상범이 존재한다. 사상범을 만들어내는 국가보안법이 있기 때문이다.

국가보안법은 반국가단체[28]를 찬양, 고무한 자를 처벌하고,[29] 반국가단체의 구성, 가입, 목적수행 등에 대해 알면서도 수사기관에 고지하지 않은 자를 처벌한다.[30] 특정한 집단을 찬성 또는 지지하는 것, 그들의 활동을 알고도 적극적으로 국가에 신고하지 않은 것을 처벌하는 전형적인 사상범 처벌 조항들이다. 국가보안법은 남북간의 무력 대치와 긴장이 해소되고 획기적인 평화체제가 구축되지 않는 한 폐지되기 어려울 것이다.

과거에는 사상전향제도가 있었다. 좌익 사상범들이 '사상전향서'를 제출하지 않는 경우 행형법(行刑法)[31]상 각종 권리를 박탈당하거나 형기를 마치고도 보호 감호를 받거나 가석방에서 제외되는 등의 불이익을 주는 제도였다. 사상전향제는 인권 침해 소지가 다분하다 하여 폐지되고 본 판례에서 문제가 된 준법서약제가 도입되었다. 준법서약제는 국가보안법이나 「집회 및 시위에 관한 법률」 위반의 수형자가 '준법서약서'를 작성하면 가석방과 서신 왕래를 가능하게 해주는 제도이다. 그러나 준법서약서를 쓰지 않으면 가석방에서 배제되는 등의 불이익

---

28 북한을 가리킨다.
29 국가보안법 제7조(찬양·고무 등).
30 국가보안법 제10조(불고지).
31 예전에, 행형에 관한 기본적 사항을 규정하였던 법률. 징역형, 금고형 및 노역장 유치와 구류형을 받은 자를 격리·교정·교화하여 건전한 국민사상과 근로정신을 함양하게 하고 기술 교육을 실시하여 사회에 복귀시키는 것을 목적으로 하였다. 또한, 형사 피의자 또는 형사 피고인으로서 구속 영장의 집행을 받은 자의 수용에 관한 사항을 규정하는 일을 하였다. 「형의 집행 및 수용자의 처우에 관한 법률」로 대체되었다.

을 받기 때문에 사실상 사상전향제가 아닌가 하는 문제가 계속 제기되었다.

이 판례는 헌법재판소가 2002년 4월 25일에 선고한 결정이다. '98헌마425'는 1998년에 접수된 '헌마' 사건 중 425번째 사건이라는 의미이다. '헌마'는 헌법소원 중에서 권리구제형 헌법소원을 가리킨다. '권리구제형 헌법소원'은 '공권력의 행사 또는 불행사'를 대상으로 하는 헌법소원이다(헌법재판소법 제68조 제1항 본문). 공권력의 행사 즉 국민의 권리를 제한하거나 의무를 부과하는 것이라면 그것이 법령이든, 행정조치든, 통보든, 기준설정이든, 발표든 모두 공권력 행사가 될 수 있다. 단, 두 가지의 제한이 있다. 재판소원금지와 보충성의 원칙이다. 재판소원금지란 공권력 행사성이 있더라도 법원의 재판에 대해서는 헌법소원을 제기하지 못한다는 원칙이고, 보충성의 원칙이란 다른 구제 절차를 모두 거친 후에만 헌법소원을 제기할 수 있다는 원칙이다(헌법재판소법 제68조 제1항 단서). 다른 구제 절차가 따로 마련되어 있지 않다면 바로 헌법소원을 제기할 수 있다. 본 판례의 사실관계는 다음과 같다.

갑(甲)은 1978. 2. 2. 국가보안법 위반으로 구속되어 같은 해 12. 26. 무기징역형이 확정된 후 안동교도소에서 복역하던 중, 당국의 준법서약서 제출 요구를 거절하여 1998. 8. 15. 단행된 가석방에서 제외되었다. 이에 갑은 국가보안법 위반 등의 수형자에 대한 가석방 심사시 준법서약서를 요구하는 「가석방 심사 등에 관한 규칙」 제14조 제2항은 청구인의 양심의 자유, 행복추구권, 평등권 등을 침해한다는 이유로 1998. 11. 26. 헌법소원심판을 청구하였다. 헌법재판소는 갑의 청구를 이유 없다고 보아 기각하였다.

본 판례의 쟁점은 가석방 결정시 준법서약서를 제출하도록 규정한 「가석방 심사 등에 관한 규칙」 제14조가 서약자의 양심의 자유를 침해하는지 여부이다. 헌법재판소의 다수 의견은 양심의 자유를 침해하지 않는다고 보았고, 헌법재판관 2인의 위헌 의견은 양심의 자유를 침해한다고 보았다.

사견으로는 양심의 자유를 침해한다고 보는 위헌 의견이 타당해 보인다. 준법서약서 제도는 형식적으로는 법질서를 준수하겠다는 서약서이지만, 자기가 전복하고자 했던 질서를 준수하겠다고 서약하게 하는 것이므로 사실상 사상전향이나 다름없다. 그리고 그러한 서약을 했다고 해서 사상범이 정말로 대한민국의 법질서를 인정하고 준수한다는 보장도 없다. 결국 준법서약서 제도는 공공의 위험을 감소시키는 효과는 없으면서 서약자로 하여금 자신의 신념에 반하는 약속을 하게 함으로써 서약자의 양심을 왜곡시키는 효과만 있는 위헌적인 제도인 것이다.[32]

---

32 준법서약 제도는 노무현정부 시절인 2003년 7월 공식적으로 폐지되었다.

한편, 헌법재판소는 사죄 광고를 강제하는 것은 양심의 자유를 침해한다고 하였고(헌재 1991. 4. 1. 89헌마160), 법위반 사실을 스스로 공표하게 하는 것은 양심의 자유 침해는 아니나 과잉금지의 원칙(이 원칙은 국민의 기본권을 제한하는 법률은 목적의 정당성, 수단의 적절성, 침해의 최소성, 법익의 균형성 등을 준수해야 한다는 것을 말하며 헌법 제37조 제2항이 이 원칙을 선언하고 있는데, 비례의 원칙이라고도 한다)에 위반하여 당해 행위자의 일반적 행동의 자유 및 명예권을 침해하고 무죄추정의 원칙에도 반한다고 한 바 있다(헌재 2002. 1. 31. 2001헌바43).

판례 요약

1) 헌법재판소 다수 의견

헌법 제19조는 모든 국민은 양심의 자유를 가진다고 하여 명문으로 양심의 자유를 보장하고 있다. 여기서 헌법이 보호하고자 하는 양심은 어떤 일의 옳고 그름을 판단함에 있어서 그렇게 행동하지 않고는 자신의 인격적 존재가치가 파멸되고 말 것이라는 강력하고 진지한 마음의 소리로서의 절박하고 구체적인 양심을 말한다. 따라서 막연하고 추상적인 개념으로서의 양심이 아니다(헌재 1997. 3. 27. 96헌가11). 헌법상 그 침해로부터 보호되는 양심은 첫째, 문제된 당해 실정법의 내용이 양심의 영역과 관련되는 사항을 규율하는 것이어야 하고, 둘째, 이에 위반하는 경우 이행강제, 처벌 또는 법적 불이익의 부과 등 법적 강제가 따라야 하며, 셋째, 그 위반이 양심상의 명령에 따른 것이어야 한다.

내용상 단순히 국법 질서나 헌법체제를 준수하겠다는 취지의 서약을 할 것을 요구하는 이 사건 준법서약은 국민이 부담하는 일반적 의무를 장래를 향하여 확인하는 것에 불과하며, 어떠한 가정적 혹은 실제적 상황하에서 특정의 사유(思惟)를 하거나 특별한 행동을 할 것을 새로이 요구하는 것이 아니다. 따라서 이 사건 준법서약은 어떤 구체적이거나 적극적인 내용을 담지 않은 채 단순한 헌법적 의무의 확인·서약에 불과하다 할 것이어서 양심의 영역을 건드리는 것이 아니다.

양심의 자유는 내심에서 우러나오는 윤리적 확신과 이에 반하는 외부적 법질서의 요구가 서로 회피할 수 없는 상태로 충돌할 때에만 침해될 수 있다. 그러므로 당해 실정법이 특정의 행위를 금지하거나 명령하는 것이 아니라 단지 특별한 혜택을 부여하거나 권고 내지 허용하고 있는 데에 불과하다면, 수범자는 수혜를 스스로 포기하거나 권고를 거부함으로써 법질서와 충돌하지 아니한 채 자신의 양심을 유지, 보존할 수 있으므로 양심의 자유에 대한 침해가 된다 할 수 없다. 이 사건의 경우, 「가석방 심사 등에 관한 규칙」 제14조에 의하여 준법서약서의 제출이 반드시 법적으로 강제되어 있는 것이 아니다.

당해 수형자는 가석방심사위원회의 판단에 따라 준법서약서의 제출을 요구받았다고 하더라도 자신의 의사에 의하여 준법서약서의 제출을 거부할 수 있다. 또한 가석방은 행형기관의 교정정책 혹은 형사정책적 판단에 따라 수형자에게 주는 은혜적 조치일 뿐이고 수형자에게 주어지는 권리가 아니어서, 준법서약서의 제출을 거부하는 당해 수형자는 결국 위 규칙 조항에 의하여 가석방의 혜택을 받을 수 없게 될 것이지만, 단지 그것뿐이며 더 이상 법적 지위가 불안해지거나 법적 상태가 악화되지 아니한다.

이와 같이 위 규칙 조항은 내용상 당해 수형자에게 하등의 법적 의무를 부과하는 것이 아니며 이행강제나 처벌 또는 법적 불이익의 부과 등 방법에 의하여 준법서약을 강제하고 있는 것이 아니므로 당해 수형자의 양심의 자유를 침해하는 것이 아니다.

남북한의 대결상황에서 북한은 여전히 대남혁명전략을 추구하며 대한민국의 존립을 위협하고 있으므로 대한민국으로서는 국가의 존립 보장을 위하여 북한의 대남혁명전략에 방어적으로 대처하지 아니할 수 없다. 또한 북한에 연계하거나 혹은 자발적 의사에 의하여 대한민국의 자유민주적 기본질서를 침해하거나 붕괴시키려는 세력의 위법 행위는 그 행위의 성격상 주로 국가보안법 위반죄 또는 「집회 및 시위에 관한 법률」 위반죄를 통하여 처단하여온 것이 현재 우리의 법적 현실이라고 할 것이다.

이와 같은 상황에서 당해 수형자들에게 그 가석방 여부를 심사함에 있어서 다른 범죄의 수형자들에게 일반적으로 적용되는 심사방법을 공히 적용하는 외에, 국민의 일반적 의무인 '국법질서 준수의 확인 절차'를 더 거치도록 하는 것은 당해 수형자들이 지니는 차별적 상황을 합리적으로 감안한 것으로서 그 정책수단으로서의 적합성이 인정된다고 할 것이다.

이와 같이 준법서약제는 당해 수형자의 타 수형자에 대한 차별 취급의 목적이 분명하고 비중이 큼에 비하여, 차별 취급의 수단은 기본권 침해의 문제가 없는 국민의 일반적 의무사항의 확인 내지 서약에 불과하다고 할 것이므로 그 차별 취급의 비례성이 유지되고 있음이 명백하다고 할 것이고, 결국 이 사건 규칙 조항은 헌법상 평등의 원칙에 위배되지 아니한다.

2) 재판관 김효종, 주선회의 위헌 의견

헌법재판소는 양심의 자유의 보호 범위에 관하여, 헌법 제19조에서 말하는 양심이란, 개인의 인격 형성에 관계되는 내심에 있어서의 가치적·윤리적 판단뿐만 아니라 세계관·인생관·주의·신조 등을 포함한다고 한 바 있다(헌재 1991. 4. 1. 89헌마160). 그런데 다수 의견은 이러한 선례를 고려하지 않고 양심의 범위를 도덕적 양심에 국한시키면서, 개인의 윤리적 정체성에 관한 절박하고 구체적인 양심에 한정시켜 이 사건을 판단하고 있는바, 이는 명백히 종래의 판례 취지를 축소 내지 변경하는 것이다.

또한 다수 의견은 더 나아가 양심의 자유의 보호 범위를 첫째, 둘째, 셋째로 나누어 개념적으로 규정하고 있는바, 판례가 아직 집적되어 있지 않음에도 그러한 연역적 개념 위주로 형식적 판단을 하는 것은 양심의 자유의 보호 영역을 넓히기보다는 이를 제약하는 데 사용될 수 있다는 점에 문제점이 있다.

다수 의견은 이 사건 준법서약은 '단순한 헌법적 의무의 확인·서약에 불과하다고 할 것이어서 양심의 영역을 건드리는 것이 아니다'라고 한다. 일반인을 상대로 한 준법서약에 관한 한 그러한 판단에 이의가 없다. 그러나 이 사건에서 문제된 준법서약서 제도가 국가보안법 위반죄로 무기징역을 선고받아 수감 중인 폭력적 방법에 의한 국가 전복을 도모하려는 공산주의자에 대한 것이라면 문제는 달라진다. 폭력적 방법으로 정부를 전복할 권리는 누구에게도 보장되어 있지 않지만, 그러한 사고가 개인의 내면에 머무는 한 이를 고백하게 하거나 변경하게 하는 것은 양심의 자유를 침해하는 것이다.

자유민주주의 체제에서는 아무리 자유민주주의의 반대자라 하더라도, 그 표현된 행위가 공익에 적대적일 경우에만 정당한 제재를 가할 수 있다. 국가는 폭력적인 국가 전복을 시도하는 극단적 공산주의자들로부터 스스로를 보호해야 하지만, 한편 공산주의보다도 인권 보장에 있어 우월한 자유민주주의 체제하에서는, 그들의 '행위'를 법적으로 처벌할 수는 있어도, 그들로 하여금 여하한 직·간접적인 강제수단을 동원하여 자신의 신념을 번복하게 하거나, 자신의 신념과 어긋나게 대한민국 법의 준수 의사를 강요하거나 고백시키게 해서는 안 될 것이다.

준법서약서 제도는 과거의 사상전향서 제도와는 형식적으로 다른 형태로서 국법 질서를 준수하겠다는 서약서이지만, 그 실질에 있어서는 오랜 기간 공산주의에 대한 신조를 지닌 국가보안법 위반자 등으로 하여금 그러한 신조를 변경하겠다는 것을 표명하게 하고, 그럼으로써 같은 신조를 지닌 자들과 격리하게 되는 효과를 도모하는 점에서 유사하다.

설사 다수 의견의 판시와 같은 양심 개념을 차용한다고 하더라도, 양심의 자유나 표현의 자유와 같은 기본권은 국가에 의한 중요한 혜택의 배제시에도 제한될 수 있다고 보아야 한다. 무엇이 그러한 혜택에 포함될 것인지는 개별적으로 논해야 할 것이나, 적어도 장기수에 있어 가석방의 배제는 그의 일생일대의 중요한 문제로서 이에 포함시켜 보아야 할 문제이다. 그러므로 준법서약서 제도는 헌법 제19조의 양심의 자유의 보호영역 내에 포섭되어야 마땅하다.

준법서약서 제도는 '개인의 세계관·인생관·주의·신조 등이나 내심에 있어서의 윤리적 판단'을 그 대상으로 하고 있다는 점에서 내심의 자유를 직접 제한하는 것이라고 볼 수 있다. 비록 준법서약서라는 '표현된 행위'가 매개가 되지만 이는, 국가가 개인의 내심의 신조를 사실상 강요하여 고백시키게 한다는 점에서, 양심 실현 행위의 측면이라기보다는 내심의 신조를 사실상 강요하는 것에 다름 아니다. 준법서약서 제도는 어느 법률에서도 이를 직접 규정하고 있지 않으며 또한 이를 하위 법령에 위임하는 근거 규정도 없다. 그러므로 더 나아가 볼 것 없이 국민의 자유와 권리는 '법률로써' 제한할 수 있도록 한 헌법 제37조 제2항에 위반된다.

설사 이를 내심의 자유에 관련된 것이 아니라, 양심 '실현'의 자유에 대한 제한으로 보는 경우에도 이 사건 규칙은 비례의 원칙을 준수한 것이라 볼 수 없다. 이 사건 규칙이 수형자의 재범 가능성을 판단하기 위하여 향후의 준법 의사를 파악한다는 관점에서 입법 목적상 정당하다고 하더라도, 준법서약서를 제출하였다고 하여 향후 재범의 가능성이 없는 것인지, 제출하지 않은 경우 가석방하면 재범의 위험성이 높은 것인지는 명확하지 않다는 점에서, 이 사건 규칙이 입법 목적 달성을 위한 효과적인 방법인 것인지는 의문이 있다. 한편 재범의 가능성에 대한 판단이 제도의 목적이라면 면접 등 다른 일반 수형자의 가석방 심사 방법으로도 충분히 그 목적을 달성할 수 있음에도 이 사건 규칙은 필요 이상으로 양심의 자유를 제한한다.

나아가 준법서약서 제도로 인하여 개인이 겪게 되는 양심상의 갈등, 즉 가석방을 얻어내기 위하여 자신의 근본적 신조를 변경하겠다는 표현을 하거나 혹은 침묵을 통해 신조의 불변을

나타내는 것에 대한 내면적 갈등의 심각성은, 재범의 위험성의
한 판단 자료라는 공익과 대비시킬 때, 법익 간의 균형성이 심
각하게 훼손되고 있는 것이다.

02.　수도가 서울이라는 것이 관습헌법인가?

- 헌재 2004. 10. 21. 2004헌마554

해설

　서울로의 과도한 집중(더 넓게는 수도권 집중) 문제를 해소하기 위한 역대 정부의 오랜 노력에도 불구하고 서울 집중(수도권 집중) 문제는 오히려 심화되었다. 수도권 집중 억제와 지방 분산을 위한 정부의 노력이 성과를 거두지 못하자 수도 자체를 이전해야 한다는 논의가 주목받기 시작했고, 노무현정부 출범 직후 행정수도 이전이 구체화되기 시작했다.[33] 수도, 그중에서도 행정수도가 충청권 일원으로 이전하면 서울은 경제, 금융, 교육 등의 수도로 남을 것이므로 외국의 사례에서 보듯이 정치행

33　대전 등지로의 수도 이전 논의는 박정희정부 시절에도 있었지만, 그 당시의 문제의식은 수도권 집중 해소 측면보다는 안보 측면에 더 비중이 있었다.

정의 수도, 경제금융의 수도, 교육문화의 수도가 나누어져 수도가 다변화될 수 있으면서 아울러 지방 분산의 효과도 달성할 수 있다는 청사진이었다.

당시 이러한 수도 이전 논의는 국민의 지지를 받고 있었고, 또 수도 이전을 공약으로 내건 노무현 후보가 대통령에 당선되면서 정치적 정당성, 혹은 민주적 정당성도 확보되었다. 그리고 이러한 정당성을 바탕으로 행정수도를 이전하는 내용을 담은 「신행정수도의 건설을 위한 특별조치법」이 제정되고 시행되었다.

이 판례는 헌법재판소가 2004년 10월 21일 선고한 결정이다. '2004헌마554'는 2004년에 접수된 '헌마' 사건 중 554번째 사건이라는 의미이다. '헌마'이므로 권리구제형 헌법소원이다. '권리구제형 헌법소원'은 '공권력의 행사 또는 불행사'를 대상으로 하는데, 이 사건에서 심판 대상이 된 공권력의 행사는 입법권의 행사와 그 결과 입법된 「신행정수도의 건설을 위한 특별조치법」이다. 이 사건처럼 법령을 직접 헌법소원의 대상으로 하는 것을 법령헌법소원이라고 한다. 이 판례의 사실관계는 아래와 같다.

2002. 9. 30. 대통령 후보 노무현은 선거 공약으로 '수도권 집중 억제와 낙후된 지역경제를 해결하기 위해 청와대와 정부 부처를 충청권으로 옮기겠다'는 행정수도 이전 계획을 발표하였

고, 2002.12. 19. 제16대 대통령선거에서 당선되었다. 2003.10. 정부는 '신행정수도의 건설을 위한 특별조치법안'을 제안하였고, 2003. 12. 29. 국회 본회의는 이 법안을 투표 의원 194인 중 찬성 167인으로 통과시켰으며(반대 13인, 기권 14인), 2004.1.16. 「신행정수도의 건설을 위한 특별조치법」은 공포되었고 부칙 규정에 따라 그로부터 3월 후부터 시행되었다. 위 법 시행 후 2004. 5. 21. 신행정수도건설추진위원회가 발족되었으며, 2004. 7. 21. 위 위원회는 제5차 회의에서 주요 국가기관 중 중앙행정기관 18부 4처 3청(73개 기관)을 신행정수도로 이전하고, 국회 등 헌법기관은 자체적인 이전 요청이 있을 때 국회의 동의를 구하기로 심의·의결하였다. 한편 2004. 8. 11. 위 위원회는 제6차 회의에서 '연기-공주 지역'을 신행정수도 입지로 확정하였다.

갑(甲) 등은 서울특별시 소속 공무원, 서울특별시 의회의 의원, 서울특별시에 주소를 둔 시민 혹은 그 밖의 전국 각지에 거주하는 국민들인데, 위 법률이 헌법 개정 등의 절차를 거치지 않은 수도 이전을 추진하는 것이므로 법률 전부가 헌법에 위반되며 이로 인하여 청구인들의 국민투표권, 납세자의 권리, 청문권, 평등권, 거주 이전의 자유, 직업 선택의 자유, 공무담임권, 재산권 및 행복추구권을 침해하였다며 위 법률을 대상으로 그 위헌의 확인을 구하는 헌법소원 심판을 청구하였다. 헌법재판소는 「신행정수도의 건설을 위한 특별조치법」은 수도는 서울이라는 우리의 관습헌법의 내용을 변경하는 것이므로 국민투표를 포함한 헌법 개정 절차에 따라야 함에도 그러지 않았으므로 국민투표권을 침해하는 위헌 법률이라고 판단하였다.

이 판례의 쟁점은 수도의 소재를 정하는 것이 헌법적 문제인가, 수도가 서울이라는 것이 관습헌법인가, 관습헌법에 관한 사항도 변경을 위해 성문헌법의 규정이 필요한가, 그래서 법률로 수도 이전을 규정한 「신행정수도의 건설을 위한 특별조치법」은 위헌인가이다.

헌법재판소 다수 의견은 수도의 소재를 정하는 것은 헌법적 문제이고, 수도가 서울이라는 것은 관습헌법이고, 관습헌법을 헌법적 절차(성문법의 헌법 개정 절차)에 의하지 않고 법률적 절차를 통해 변경하려고 한 「신행정수도의 건설을 위한 특별조치법」은 위헌이라는 것이다.

헌법재판관 1인의 반대 의견은 수도의 소재는 헌법적 사항이 아니며, 수도가 서울이라는 것은 관행으로 인정되어 왔을지라도 법적규범이라고 일반이 인식한 것은 아니며, 성문헌법체제에서 관습헌법은 성문헌법을 보완하는 효력밖에 없으며, 관습헌법의 변경에 헌법 개정 절차는 필요 없으므로 수도 이전에 관한 사항을 법률로 규정했더라도 위헌이 아니라는 입장이다.

사견으로는 위헌이 아니라는 반대 의견이 타당해 보인다. 수도를 이전하는 문제는 정치적 결단과 정책적 판단의 문제이지 결코 법적 문제가 아니다. 노무현 후보가 대통령선거에서 수도 이전 문제를 공약으로 제기할 당시에도 국민 대다수는 수도 이전 문제를 정치적 선택 혹은 지지의 문제로 인식했고 헌법적 문제로 보지 않았다. 그랬기 때문에 노무현 후보가 대통령에 당선된 이후에 국회에서 절대 다수의 동의(투표 의원 194인 중 찬성 167인)로 「신행정수도의 건설을 위한 특별조치법」이 입법되었던 것이다.

그런데 서울이 계속 수도로 존속하는 것에 이해관계가 있는 사람들이 이 문제를 사법기관[34]인 헌법재판소로 끌고 가면서 수도 문제가 법적인 문제로 논의된 것이다. 수도 이전에 관한 논의가 헌법재판소에서 이루어지면서 그것이 갖는 건설적이고 미래적인 내용은 모두 사장된 채 오직 그것이 헌법에 부합하느냐와 같은 비생산적이고 엉뚱한 논의로 빠져들어 버린 것이다.

서울이 수도인 것은 사실이지만 그것은 어디까지나 사실명제이지 당위명제는 아니다. '수도는 서울이다'는 현재의 사실을 기술하는 것이므로 맞는 말이지만 '수도는 서울이어야 한

---

34 헌법재판소를 '정치적 사법기관'이라고 한다. 그러나 '정치적'이라는 말은 헌법재판소가 다루는 사안이 정치와 관련이 있는 사안들이 많다 보니 붙여진 것에 불과하고, 헌법재판소가 정치기관이라는 의미는 아니다. 헌법재판소는 헌법이라는 규범을 판단 기준으로 하여 사안을 법적으로 판단하는 본질적 사법기관이다.

다'에는 우리 국민이 합의하고 동의한 바 없다. 설사 일부 동의하는 사람들이 있다 하더라도 그것은 서울이 가지는 국제적 경쟁력 등 정책적 이유 때문이지 그것이 헌법이기 때문은 아니다.

판례 요약

1) 헌법재판소 다수 의견

일반적으로 한 나라의 수도는 국가권력의 핵심적 사항을 수행하는 국가기관들이 집중 소재하여 정치·행정의 중추적 기능을 실현하고 대외적으로 그 국가를 상징하는 곳을 의미한다. 헌법기관들 중에서 국민의 대표기관으로서 국민의 정치적 의사를 결정하는 국회와 행정을 통할하며 국가를 대표하는 대통령의 소재지가 어디인가 하는 것은 수도를 결정하는 데 있어서 특히 결정적인 요소가 된다.

이 사건 법률은 국가의 정치·행정의 중추적 기능을 수행하는 국가기관의 소재지로서 헌법상의 수도 개념에 포함되는 국가의 수도를 이전하는 내용을 가지는 것이며, 이 사건 법률에 의한 신행정수도의 이전은 곧 우리나라의 수도의 이전을 의미한다.

우리나라는 성문헌법을 가진 나라로서 기본적으로 우리 헌법전(憲法典)이 헌법의 법원(法源)이 된다. 그러나 성문헌법이라고 하여도 그 속에 모든 헌법 사항을 빠짐없이 완전히 규율하는 것은 불가능하고 또한 헌법은 국가의 기본법으로서 간결성과 함축성을 추구하기 때문에 형식적 헌법전에는 기재되지 아니한 사항이라도 이를 불문헌법(不文憲法) 내지 관습헌법으로 인정할 소지가 있다. 특히 헌법 제정 당시 자명하거나 전제(前提)된 사항 및 보편적 헌법 원리와 같은 것은 반드시 명문의 규정을 두지 아니하는 경우도 있다. 그렇다고 해서 헌법 사항에 관하여 형성되는 관행 내지 관례가 전부 관습헌법이 되는 것은 아니고 강제력이 있는 헌법 규범으로서 인정되려면 엄격한 요건들이 충족되어야만 하며, 이러한 요건이 충족된 관습만이 관습헌법으로서 성문의 헌법과 동일한 법적 효력을 가진다.

관습헌법이 성립하기 위하여서는 관습법의 성립에서 요구되는 일반적 성립 요건이 충족되어야 한다. 첫째, 기본적 헌법 사항에 관하여 어떠한 관행 내지 관례가 존재하고, 둘째, 그 관행은 국민이 그 존재를 인식하고 사라지지 않을 관행이라고 인정할 만큼 충분한 기간 동안 반복 내지 계속되어야 하며(반복·계속성), 셋째, 관행은 지속성을 가져야 하는 것으로서 그 중간에 반대되는 관행이 이루어져서는 아니 되고(항상성), 넷째, 관행은 여러 가지 해석이 가능할 정도로 모호한 것이 아닌 명확한 내용을 가진 것이어야 한다(명료성). 또한 다섯째, 이러한 관행이 헌법관습으로서 국민들의 승인 내지 확신 또는 폭넓은 컨센서스를 얻어 국민이 강제력을 가진다고 믿고 있어야 한다(국민적 합의).

헌법기관의 소재지, 특히 국가를 대표하는 대통령과 민주주의적 통치원리에 핵심적 역할을 하는 의회의 소재지를 정하는 문제는 국가의 정체성을 표현하는 실질적 헌법 사항의 하나이다. 여기서 국가의 정체성이란 국가의 정서적 통일의 원천으로서 그 국민의 역사와 경험, 문화와 정치 및 경제, 그 권력구조나 정신적 상징 등이 종합적으로 표출됨으로써 형성되는 국가적 특성이라 할 수 있다. 수도를 설정하는 것 이외에도 국명(國名)을 정하는 것, 우리말을 국어(國語)로 하고 우리글을 한글로 하는 것, 영토를 획정하고 국가 주권의 소재를 밝히는 것 등이 국가의 정체성에 관한 기본적 헌법 사항이 된다고 할 것이다. 수도를 설정하거나 이전하는 것은 국회와 대통령 등 최고 헌법기관들의 위치를 설정하여 국가조직의 근간을 장소적으로 배치하는 것으로서, 국가생활에 관한 국민의 근본적 결단임과 동시에 국가를 구성하는 기반이 되는 핵심적 헌법 사항에 속한다.

서울이 우리나라의 수도인 것은 조선시대 이래 600여 년 간 우리나라의 국가생활에 관한 당연한 규범적 사실이 되어 왔으므로 우리나라의 국가생활에 있어서 전통적으로 형성되어 있는 계속적 관행이라고 평가할 수 있고(계속성), 이러한 관행은 변함없이 오랜 기간 실효적으로 지속되어 중간에 깨어진 일이 없으며(항상성), 서울이 수도라는 사실은 우리나라의 국민이라면 개인적 견해 차이를 보일 수 없는 명확한 내용을 가진 것이며(명료성), 나아가 이러한 관행은 오랜 세월 굳어져 와서 국민들의 승인과 폭넓은 컨센서스를 이미 얻어(국민적 합의) 국민이 실효성과 강제력을 가진다고 믿고 있는 국가생활의 기본사항이라고 할 것이다. 따라서 서울이 수도라는 점은 우리의 제정 헌법이 있기 전부터 전통적으로 존재하여온 헌법적 관습이며 우리 헌법 조항에서 명문으로 밝힌 것은 아니지만 자명하고 헌법에 전제된 규범으로서, 관습헌법으로 성립된 불문헌법에 해당한다.

어느 법규범이 관습헌법으로 인정된다면 그 개정 가능성을 가지게 된다. 관습헌법도 헌법의 일부로서 성문헌법의 경우와 동일한 효력을 가지기 때문에 그 법규범은 최소한 헌법 제130조에 의거한 헌법 개정의 방법에 의하여만 개정될 수 있다. 따라서 재적의원 3분의 2 이상의 찬성에 의한 국회의 의결을 얻은 다음(헌법 제130조 제1항) 국민투표에 붙여 국회의원 선거권자 과반수의 투표와 투표자 과반수의 찬성을 얻어야 한다(헌법 제130조 제3항). 다만 이 경우 관습헌법 규범은 헌법전에 그에 상반하는 법규범을 첨가함에 의하여 폐지하게 되는 점에서, 헌법전으로부터 관계되는 헌법 조항을 삭제함으로써 폐지되는 성문헌법 규범과는 구분된다.

한편 이러한 형식적인 헌법 개정 외에도, 관습헌법은 그것을 지탱하고 있는 국민적 합의성을 상실함에 의하여 법적 효력을 상실할 수 있다. 관습헌법은 주권자인 국민에 의하여 유효한 헌법 규범으로 인정되는 동안에만 존속하는 것이며, 관습법의 존속 요건의 하나인 국민적 합의성이 소멸되면 관습헌법으로서의 법적 효력도 상실하게 된다. 관습헌법의 요건들은 그 성립의 요건일 뿐만 아니라 효력 유지의 요건이다.

우리나라의 수도가 서울이라는 점에 대한 관습헌법을 폐지하기 위해서는 헌법이 정한 절차에 따른 헌법 개정이 이루어져야 한다. 이 경우 성문의 조항과 다른 것은 성문의 수도 조항이 존재한다면 이를 삭제하는 내용의 개정이 필요하겠지만 관습헌법은 이에 반하는 내용의 새로운 수도 설정 조항을 헌법에 넣는 것만으로 그 폐지가 이루어지는 점에 있다. 다만 헌법 규범으로 정립된 관습이라고 하더라도 세월의 흐름과 헌법적 상황의 변화에 따라 이에 대한 침범이 발생하고 나아가 그 위반이 일반화되어 그 법적 효력에 대한 국민적 합의가 상실되기에 이른 경우에는 관습헌법은 자연히 사멸하게 된다.

이와 같은 사멸을 인정하기 위하여서는 국민에 대한 종합적 의사의 확인으로서 국민투표 등 모두가 신뢰할 수 있는 방법이 고려될 여지도 있을 것이다. 그러나 이 사건의 경우에 이러한 사멸의 사정은 확인되지 않는다. 따라서 우리나라의 수도가 서울인 것은 우리 헌법상 관습헌법으로 정립된 사항이며 여기에는 아무런 사정의 변화도 없다고 할 것이므로 이를 폐지하기 위해서는 반드시 헌법 개정의 절차에 의하여야 한다.

서울이 우리나라의 수도인 점은 불문의 관습헌법이므로 헌법 개정 절차에 의하여 새로운 수도 설정의 헌법 조항을 신설함으로써 실효되지 아니하는 한 헌법으로서의 효력을 가진다. 따라서 헌법 개정의 절차를 거치지 아니한 채 수도를 충청권의 일부 지역으로 이전하는 것을 내용으로 한 이 사건 법률을 제정하는 것은 헌법 개정 사항을 헌법보다 하위의 일반 법률에 의하여 개정하는 것이 된다.

한편 헌법 제130조에 의하면 헌법의 개정은 반드시 국민투표를 거쳐야만 하므로 국민은 헌법 개정에 관하여 찬반투표를 통하여 그 의견을 표명할 권리를 가진다. 그런데 이 사건 법률은 헌법 개정 사항인 수도의 이전을 헌법 개정의 절차를 밟지 아니하고 단지 단순 법률의 형태로 실현시킨 것으로서 결국 헌법 제130조에 따라 헌법 개정에 있어서 국민이 가지는 참정권적 기본권인 국민투표권의 행사를 배제한 것이므로 동 권리를 침해하여 헌법에 위반된다.

2) 재판관 전효숙의 반대 의견

다수 의견의 논지는 우리 헌법의 해석상 받아들일 수 없다.

역사적으로 수도의 소재지는 국가 정체성에 관한 중요한 사항이었으나, 자유민주주의와 입헌주의를 주된 가치로 하는 우리 헌법은, 국가권력의 통제와 합리화를 통하여 국민의 자유와 권리를 최대한 실현하려는 것이 그 목적이며, 수도의 소재지가 어디냐는 그 목적을 위한 '도구'에 불과하다. 그러므로 헌법상 수도의 위치가 반드시 헌법 제정권자나 헌법 개정권자가 직접 결정해야 할 사항이라 할 수 없다.

서울이 수도라는 사실이 오랫동안 우리 민족에게 자명하게 인식되어 온 관행에 속한다 하더라도, 우리 국민이 그것을 강제력 있는 법규범으로 확신하고 있었다고 인정하기 어렵다. 수도 이전 문제는 이 사건 심판청구 무렵에야 우리 사회의 주된 쟁점이 되었고, 여야 국회의원들은 수도 이전 사안이 국민의 헌법적 확신을 지니는 헌법 사항이라든가, 헌법 개정 절차를 통하여야 하므로 입법권의 대상이 될 수 없다든가 하는 점에 관한 인식을 전혀 드러내지 않았다. 결국 '서울이 수도'라는 관행적 '사실'에서 관습헌법이라는 '당위규범'이 인정될 수 없다.

성문헌법을 지닌 법체제에서, 관습헌법을 성문헌법과 '동일한' 혹은 '특정 성문헌법 조항을 무력화시킬 수 있는' 효력을 가진 것으로 볼 수 없다. 성문의 헌법전은 헌법 제정권자인 국민들이 직접 '명시적' 의사표시로써 제정한 최고 법규범으로서 모든 국가권력을 기속하는 강한 힘을 보유하는 것이며, 그 내용의 개정은 엄격한 절차를 거치도록 하고 있는데, 그러한 성문헌법의 강한 힘은 국민주권의 명시적 의사가 특정한 헌법 제정 절차를 거쳐서 수렴되었다는 점에서 가능한 것이다.

관습만으로는 헌법을 특징화하는 그러한 우세한 힘을 보유할 수 없다. 관습헌법은 성문헌법으로부터 동떨어져 성립하거나 존속할 수 없고 항상 성문헌법의 여러 원리와 조화를 이룸으로써만 성립하고 존속하는 '보완적 효력'만을 지닌다. 이러한 법리는 관습헌법의 내용이 '중요한 헌법 사항'이라 하더라도 동일하다.

관습헌법이란 실질적 의미의 헌법 사항이 관습으로 규율되고 있다는 것을 뜻할 뿐이며, 관습헌법이라고 해서 성문헌법과 똑같은 효력이 인정된다고 볼 근거가 없다. 또한 헌법의 개정은 '형식적 의미'의 헌법, 즉 성문헌법과 관련된 개념이므로, 관습헌법의 변경은 헌법의 개정에 속하지 않으며 헌법이 마련한 대의민주주의 절차인 법률의 제정, 개정을 통하여 다루어질 수 있다. '서울이 수도'라는 관습헌법의 변경이 헌법 개정에 의해야 한다면, 이는 관습헌법에 대하여 헌법이 부여한 국회의 입법권보다 우월적인 힘을 인정하는 것이 된다. 수도 이전과 같은 헌법관습의 변경의 경우에도, 별도로 이를 제한하는 헌법 규정이 없으므로, 국회의 입법으로 가능하다.

이 사건 법률은 국회의원들의 압도적 다수로 통과되었는데, 그러한 입법이 국민의 민의를 제대로 반영하지 못하였다는, 혹은 민의를 배신하였다는 정치적 비난을 받을 수 있는 것은 별도로 하고, 헌법적 측면에서 그것이 '국회의원들의 권한이 아니다'라고 단정할 수 없는 것이다.

이러한 이유에서 이 사건 법률이 헌법 제130조 제2항의 국민투표권을 침해할 가능성은 없다.

03. 사형은 폐지되어야 하는가?

- 헌재 2010. 2. 25. 2008헌가23

해설

사형제에 대한 찬반 논의는 오랜 역사를 가지고 있다. 형벌에 대한 전통적 사고인 응보주의적 관점에서 보면 중범죄를 저지른 자, 특히 사람의 목숨을 고의로 빼앗은 자에 대한 형벌로서 사형은 정의에 합치된다. 그런데 인도주의적이고 계몽주의적인 근대형법이 정립된 이래로 사형제도는 범죄자의 교정을 포기한 형벌이라는 점, 사람의 목숨을 빼앗는 잔인한 형벌이라는 점, 오판에 의한 형집행이 이루어질 경우 시정이 불가능하다는 점 때문에 비판 받았다. 그러나 현대에 와서는 불특정 다수를 대상으로 하는 테러성 범죄의 증가, 인간의 고통에 공감하지 않는 사이코패스나 소시오패스와 같은 범죄자의 등장 등으로 인하여 다시금 사형제의 필요성이 강조되고 있다. 우리나라는 실정법상 사형이 존재하고 재판에서도 사형을 선고하지만, 1997년 12월 30일 마지막 사형이 집행된 이후 사형 집행을 하고 있지 않아 사실상 사형 폐지국으로 분류된다.

이 판례는 헌법재판소가 2010년 2월 25일 선고한 결정으로 2008년에 접수된 '헌가' 사건 중 23번째 사건이다. 일반 법원의 형사재판에서 피고인이 사형을 선고받자, 사형제도 자체가 위헌이라고 주장하며 위헌법률심판제청신청을 법원에 하고, 법원이 피고인의 위헌법률심판제청신청을 받아들여 헌법재판소에 위헌법률심판제청('헌가')을 해서 헌법재판소의 본 결정이 나오게 된 것이다. 본 판례의 사실관계는 아래와 같다.

갑(甲)은 2회에 걸쳐 4명을 살해하고 그 중 3명의 여성을 추행한 범죄 사실로 구속기소되어, 제1심법원에서 형법 제250조 제1항, 「성폭력범죄의 처벌 및 피해자 보호 등에 관한 법률」 제10조 제1항 등이 적용되어 사형을 선고받은 후 제2심법원에 항소하였다. 갑은 항소심 재판 중 사형제도를 규정한 형법 제41조 제1호, 형법 제250조 제1항 등[35]에 대하여 위헌법률심

---

35 형법
제41조(형의 종류) 형의 종류는 다음과 같다.
1. 사형
제250조(살인, 존속살해) ① 사람을 살해한 자는 사형, 무기 또는 5년 이상의 징역에 처한다.

판제청신청을 하였고, 제2심법원은 2008. 9. 17. 위 조항 등이 위헌이라고 의심할 만한 상당한 이유가 있다며 위헌법률심판 제청결정을 하였다.

위헌법률심판제청에 따라 헌법재판소는 사형제도에 대하여 위헌 여부를 심사하였으나, 헌법에 위반되지 않는다는 합헌 결정을 하였다.

본 판례에서는 사형이 헌법에 반하는 형벌인지가 쟁점이 되었다. 헌법재판소 다수 의견은 사형제도를 합헌이라고 보았고, 위헌성을 지적하는 소수 의견이 있었다.

사견으로는 사형제의 합헌성을 인정한 다수 의견이 타당해 보인다. 사람의 목숨을 고의로 빼앗는 살인죄의 경우에 범죄자의 책임에 상응하는 형벌은 오직 사형이다. 그리고 일반 예방의 관점에서도 범죄자에게 위하력(威嚇力, 일반인을 잠재적 범죄인으로 간주하고서, 공개 처형과 같이 두렵고 무서운 형벌로 위협함으로써 일반인을 범죄로부터 멀어지게 만드는 힘)을 가진 것은 사형이지 무기징역이 아니다. 또한 사형은 잔혹한 테러 범죄자나 사이코패스 등에 대한 응징으로서 피해자의 가족 및 일반 국민의 정의 관념이나 법감정에 부합한다.

1) 다수 의견(합헌 의견)

사형은 일반 국민에 대한 심리적 위하를 통하여 범죄의 발생을 예방하며 극악한 범죄에 대한 정당한 응보를 통하여 정의를 실현하고, 당해 범죄인의 재범 가능성을 영구히 차단함으로써 사회를 방어하려는 것으로 그 입법 목적은 정당하고, 가장 무거운 형벌인 사형은 입법 목적의 달성을 위한 적합한 수단이다.

사형은 무기징역형이나 가석방이 불가능한 종신형보다도 범죄자에 대한 법익 침해의 정도가 큰 형벌로서, 인간의 생존 본능과 죽음에 대한 근원적인 공포까지 고려하면, 무기징역형 등 자유형보다 더 큰 위하력을 발휘함으로써 가장 강력한 범죄 억지력을 가지고 있다고 보아야 하고, 극악한 범죄의 경우에는 무기징역형 등 자유형의 선고만으로는 범죄자의 책임에 미치지 못하게 될 뿐만 아니라 피해자들의 가족 및 일반 국민의 정의 관념에도 부합하지 못하며, 입법 목적의 달성에 있어서 사형과 동일한 효과를 나타내면서도 사형보다 범죄자에 대한 법익 침해 정도가 작은 다른 형벌이 명백히 존재한다고 보기 어려우므로 사형제도가 침해 최소성의 원칙에 어긋난다고 할 수 없다. 한편, 오판 가능성은 사법제도의 숙명적 한계이지 사형이라는 형벌제도 자체의 문제로 볼 수 없으며 심급제도, 재심

제도 등의 제도적 장치 및 그에 대한 개선을 통하여 해결할 문제이지, 오판 가능성을 이유로 사형이라는 형벌의 부과 자체가 위헌이라고 할 수는 없다.

사형제도에 의하여 달성되는 범죄 예방을 통한 무고한 일반 국민의 생명 보호 등 중대한 공익의 보호와 정의의 실현 및 사회 방위라는 공익은 사형제도로 발생하는 극악한 범죄를 저지른 자의 생명권이라는 사익보다 결코 작다고 볼 수 없을 뿐만 아니라, 다수의 인명을 잔혹하게 살해하는 등의 극악한 범죄에 대하여 한정적으로 부과되는 사형이 그 범죄의 잔혹함에 비하여 과도한 형벌이라고 볼 수 없으므로, 사형제도는 법익 균형성 원칙에 위배되지 아니한다.

사형제도는 우리 헌법이 적어도 간접적으로나마 인정하고 있는 형벌의 한 종류일 뿐만 아니라, 사형제도가 생명권 제한에 있어서 헌법 제37조 제2항에 의한 헌법적 한계를 일탈하였다고 볼 수 없는 이상, 범죄자의 생명권 박탈을 내용으로 한다는 이유만으로 곧바로 인간의 존엄과 가치를 규정한 헌법 제10조에 위배된다고 할 수 없으며, 사형제도는 형벌의 경고 기능을 무시하고 극악한 범죄를 저지른 자에 대하여 그 중한 불법 정도와 책임에 상응하는 형벌을 부과하는 것으로서 범죄자가 스스로 선택한 잔악무도한 범죄 행위의 결과인바, 범죄자를 오로지 사회 방위라는 공익 추구를 위한 객체로만 취급함으로써 범죄자의 인간으로서의 존엄과 가치를 침해한 것으로 볼 수 없다.

한편 사형을 선고하거나 집행하는 법관 및 교도관 등이 인간적 자책감을 가질 수 있다는 이유만으로 사형제도가 법관 및 교도관 등의 인간으로서의 존엄과 가치를 침해하는 위헌적인 형벌제도라고 할 수는 없다.

2) 재판관 김희옥의 위헌 의견

사형제도는 인간의 존엄과 가치를 천명하고 생명권을 보장하는 우리 헌법 체계에서는 입법 목적 달성을 위한 적합한 수단으로 인정할 수 없고, 사형제도를 통하여 확보하고자 하는 형벌로서의 기능을 대체할 만한 가석방 없는 무기자유형 등의 수단을 고려할 수 있으므로 피해의 최소성 원칙에도 어긋나며, 사형 당시에는 사형을 통해 보호하려는 타인의 생명권이나 중대한 법익은 이미 그 침해가 종료되어 범죄인의 생명이나 신체를 박탈해야 할 긴급성이나 불가피성이 없고 사형을 통해 달성하려는 공익에 비하여 사형으로 인하여 침해되는 사익의 비중이 훨씬 크므로 법익의 균형성도 인정되지 아니한다.

또한 사형제도는 이미 중대 범죄가 종료되어 상당 기간이 지난 후 체포되어 수감 중인, 한 인간의 생명을 일정한 절차에 따라 빼앗는 것을 전제로 하므로, 생명에 대한 법적 평가가 필요한 예외적인 경우라고 볼 수 없어 생명권의 본질적 내용을 침해하고, 신체의 자유의 본질적 내용까지도 침해한다.

사형제도는 범죄인을 사회 전체의 이익 또는 다른 범죄의 예방을 위한 수단 또는 복수의 대상으로만 취급하고 한 인간으로서 자기의 책임 하에 반성과 개선을 할 최소한의 도덕적 자유조차 남겨주지 아니하는 제도이므로 헌법 제10조가 선언하는 인간의 존엄과 가치에 위배되며, 법관이나 교도관 등 직무상 사형제도의 운영에 관여하여야 하는 사람들로 하여금 인간의 생명을 계획적으로 빼앗는 과정에 참여하게 함으로써 그들을 인간으로서의 양심과 무관하게 국가 목적을 위한 수단으로 전락시키고 있다는 점에서 그들의 인간으로서의 존엄과 가치 또한 침해한다.

3) 재판관 김종대의 위헌 의견

형벌로서 사형을 부과할 당시에는 국가의 존립이나 피해자의 생명이 범인의 생명과 충돌하는 상황은 이미 존재하지 않으며, 국가가 범인을 교도소에 계속해서 수용하고 있는 한 개인과 사회를 보호하는 목적은 범인을 사형시켰을 때와 똑같이 달성될 수 있다.

사형제도는 범죄 억제라는 형사정책적 목적을 위해 사람의 생명을 빼앗는 것으로 그 자체로 인간으로서의 존엄과 가치에 반하고, 사형제도를 통해 일반 예방의 목적이 달성되는지도 불확실하다. 다만, 지금의 무기징역형은 개인의 생명과 사회의 안전의 방어라는 점에서 사형의 효력을 대체할 수 없으므로,

가석방이나 사면 등의 가능성을 제한하는 최고의 자유형이 도입되는 것을 조건으로 사형제도는 폐지되어야 한다.

4) 재판관 목영준의 위헌 의견

생명권은 개념적으로나 실질적으로나 본질적인 부분을 그렇지 않은 부분과 구분하여 상정할 수 없어 헌법상 제한이 불가능한 절대적 기본권이라고 할 수밖에 없고, 생명의 박탈은 곧 신체의 박탈도 되므로 사형제도는 생명권과 신체의 자유의 본질적 내용을 침해하는 것이다.

사형제도는 사회로부터 범죄인을 영원히 배제한다는 점 이외에는 형벌의 목적에 기여하는 바가 결코 명백하다고 볼 수 없고, 우리나라는 국제 인권단체로부터 사실상의 사형 폐지국으로 분류되고 있어 사형제도가 실효성을 상실하여 더 이상 입법 목적 달성을 위한 적절한 수단이라고 할 수 없으며, 절대적 종신형제 또는 유기징역제도의 개선 등 사형제도를 대체할 만한 수단을 고려할 수 있음에도, 생명권을 박탈하는 것은 피해의 최소성 원칙에도 어긋나고, 사형을 통해 침해되는 사익은 범죄인에게는 절대적이고 근원적인 기본권인 반면, 이를 통해 달성하고자 하는 공익은 다른 형벌에 의하여 상당 수준 달성될 수 있어 공익과 사익 간에 법익의 균형성이 갖추어졌다고 볼 수 없다.

사형은 악성이 극대화된 흥분된 상태의 범죄인에 대하여 집행되는 것이 아니라 이성이 일부라도 회복된 안정된 상태의 범죄인에 대하여 생명을 박탈하는 것이므로 인간의 존엄과 가치에 위배되며, 직무상 사형제도의 운영에 관여하여야 하는 사람들로 하여금 그들의 양심과 무관하게 인간의 생명을 계획적으로 박탈하는 과정에 참여하게 함으로써, 그들의 인간으로서 가지는 존엄과 가치 또한 침해한다.

사형제도가 헌법에 위반되어 폐지되어야 한다고 하더라도 이를 대신하여 흉악범을 사회로부터 영구히 격리하는 실질적 방안이 강구되어야 하는바, 가석방이 불가능한 절대적 종신형 제도를 도입하고, 엄중한 유기징역형을 선고할 수 있도록 경합범 합산 규정을 수정하고 유기징역형의 상한을 대폭 상향조정해야 하므로, 형벌의 종류로서 사형을 열거하고 있는 형법 제41조 제1호를 위헌으로 선언함과 동시에, 무기징역형, 경합범 가중 규정, 유기징역형 상한 및 가석방에 관한 현행 법 규정들이 헌법에 합치되지 않음을 선언하여야 한다.

04. 남자만 군대에 가는 것은 정당한가?

- 헌재 2011. 6. 30. 2010헌마460

해설

우리나라 헌법은 '모든 국민은 법률이 정하는 바에 의하여 국방의 의무를 진다'(제39조 제1항)라고 규정하여 국방 의무의 주체를 남성으로 한정하지 않고 있다. 그럼에도 병역법은 병역 의무를 남성에게만 부과하고 있다. 남자만 군대에 가는 것에 대해서 남녀평등에 어긋나는 것이 아니냐는 논의는 과거에도 있었지만 제대로 된 논쟁의 대상이 되지는 못했다.

과거에는 여성이 남성에 비해 차별받고 있는 현실이 광범위하게 존재했고, 또 이를 개선해야 한다는 목소리가 현안으로서 제기되었다. 반면 남성이 여성에 비해 차별받고 있는 것은 현실로 존재하더라도 현안으로 논의될 주제라기보다는 예외적인 현상 정도로 치부되었다. 그러나 여성의 지위가 향상되고,

적어도 공식적이고 절차적인 영역에서 남녀차별이 철저히 금지되고, 남자들의 상대적 박탈감 혹은 역차별이 논의되는 요즘에 와서야 남자만 군대에 가는 문제가 평등권의 관점에서 진지한 논쟁의 대상이 된 것이다.

이 판례는 헌법재판소가 2011년 6월 30일 선고한 권리구제형 헌법소원사건(헌마)이다. 청구인은 남자에게만 병역 의무를 부과하는 병역법 조항이 평등권을 침해한다며 헌법소원을 제기하였다. 본 판례의 사건 전개는 아래와 같다.

갑(甲)은 1986. 1. 16.생의 남성으로서, '2010. 10. 26. 306 보충대로 입영하라.'는 취지의 입영통지서를 받았으나, 학업을 이유로 입영을 연기하였다. 그리고 남성에게만 병역 의무를 부과하는 병역법 제3조 제1항[36]이 청구인의 평등권을 침해하여 헌법에 위반된다고 주장하며 2010. 7. 23. 동 조항의 위헌 확인을 구하는 헌법소원심판을 청구하였다. 헌법재판소는 헌법에 위반되지 않는다는 취지에서 기각 결정을 하였다.

본 판례의 쟁점은 남성에게만 병역 의무를 부담시키는 법 조항이 위헌인가이다. 헌법재판소의 다수 의견은 합헌이라는 입

---

[36] 병역법 제3조(병역 의무) ① 대한민국 국민인 남성은 헌법과 이 법에서 정하는 바에 따라 병역 의무를 성실히 수행하여야 한다. 여성은 지원에 의하여 현역 및 예비역으로만 복무할 수 있다.

장이고, 헌법재판관 1인의 반대 의견은 위헌이라는 입장이다.

사견으로는 위헌성을 지적하는 반대 의견이 타당해 보인다. 병역 의무 부담을 구체화하는 병역법을 입법하는 과정에서 병역 의무를 감당할 수 있는 체력적, 신체적 측면을 고려했더라도 여성에게는 남성과 같은 신체적 능력이 필요하지 않은 비전투병과(현역) 또는 보충역이나 제2국민역과 같은 병역을 부과할 수 있다. 그럼에도 어떤 병역 의무도 부과하지 않는 것은 모든 국민이 국방 의무를 진다고 선언한 헌법의 태도와 배치된다. 병역법이 헌법의 규정에도 불구하고 남성에게만 병역 의무를 부과한 것은 과거의 전통적인 성역할에 관한 고정관념에 기초한 것인데, 전통적인 성역할은 정당한 차별 목적이 되지 못하므로 전통적 성역할에 기초한 차별은 자의적 차별로서 남성의 평등권을 침해한다.

판례 요약

1) 헌법재판소 다수 의견(기각 의견)

일반적으로 집단으로서 남자와 여자는 서로 다른 신체적 능력을 보유하고 있다고 평가되는데, 전투를 수행함에 있어 요청되는 신체적 능력과 관련하여 본다면, 무기의 소지·작동 및 전장의 이동에 요청되는 근력 등이 우수한 남자가 전투에 더욱 적합한 신체적 능력을 갖추고 있다고 할 수 있다. 물론 집단으로서의 남자와 여자가 아니라 개개인을 대상으로 판단하는 경우, 여자가 남자에 비하여 전투에 적합한 신체적 능력이 우월한 사례가 있음은 분명하나, 구체적으로 개개인의 신체적 능력을 수치화, 객관화하여 비교하는 검사 체계를 갖추는 것은 현실적으로 매우 어렵다.

신체적 능력이 매우 뛰어난 여자의 경우에도 그 생래적 특성상 월경이 있는 매월 1주일 정도의 기간 동안 훈련 및 전투 관련 업무 수행에 장애가 있을 수 있고, 임신 중이거나 출산 후 일정한 기간은 위생 및 자녀 양육의 필요성에 비추어 영내 생활이나 군사훈련 자체가 거의 불가능하다. 이러한 신체적 특징의 차이에 기초하여, 입법자가 최적의 전투력 확보를 위하여 남자만을 징병 검사의 대상이 되는 병역의무자로 정한 것이 현저히 자의적인 것이라 보기 어렵다.

한편 현역 외의 보충역이나 제2국민역은 혹시라도 발생할 수 있는 국가비상사태에 즉시 전력으로 편입될 수 있는 예비적 전력으로서 전시 등 국가비상사태에 병력 동원 내지 근로 소집의 대상이 되는바, 보충역이나 제2국민역이 평시에 군인으로서 복무하지 아니한다고 하여 병력자원으로서의 일정한 신체적 능력 또는 조건이 요구되지 않는다고 볼 수 없으므로 대한민국 국민인 여자에게 보충역 등 복무 의무를 부과하지 아니한 것이 자의적인 입법권의 행사라고 보기 어렵다.

또한 비교법적으로 보아도, 이 사건 법률 조항과 같은 입법
이 현저히 자의적인 기준에 의한 것이라 볼 수 없다. 징병제가
존재하는 70여 개 나라 가운데 여성에게 병역 의무를 부과하
는 국가는 이스라엘 등 극히 일부 국가에 한정되어 있으며, 여
성에게 병역 의무를 부과하는 대표적 국가인 이스라엘의 경우
도 남녀의 복무 기간 및 병역 거부 사유를 다르게 규정하는 한
편, 여성의 전투 단위 근무는 이례적인 것이 현실이다.

　그 밖에 남녀의 동등한 군복무를 전제로 한 시설과 관리체제
를 갖추는 것은 역사적으로나 비교법적으로 전례가 없어 추산
하기 어려운 경제적 비용이 소요될 수 있고, 현재 남자를 중심
으로 짜여져 있는 군조직과 병영의 시설체계 하에서 여자에 대
해 전면적인 병역 의무를 부과할 경우, 군대 내부에서의 상명
하복의 권력관계를 이용한 성희롱 등의 범죄나 남녀간의 성적
긴장관계에서 발생하는 기강 해이가 발생할 우려가 없다고 단
언하기 어렵다.

　결국 이 사건 법률 조항이 성별을 기준으로 병역 의무자의
범위를 정한 것이 합리적 이유 없는 차별 취급으로서 자의금지
원칙에 위배하여 평등권을 침해한 것이라고 볼 수 없다.

2) 재판관 목영준의 반대 의견(위헌 의견)

　남성과 여성은 전반적으로 다른 신체적 구조와 체력을 가지
고 있고, 국방 의무의 이행에 있어서도 이로 인한 차별 취급은

당연히 용인되어야 한다. 그런데 병역법상의 병역 의무 중 복무의 내용 자체가 신체적인 조건이나 능력과 직접 관계되는 것은 현역 복무(병역법 제24조, 제25조의 전환 복무를 포함한다)와 상근예비역 및 승선근무예비역에 한정된다(제21조 내지 제23조의 5). 보충역이나 제2국민역의 경우 반드시 남성으로서의 신체적 능력이 필수적 전제가 된다고 보기는 어렵다.

그러므로 남성과 여성 간의 신체적 상이 및 그에 따른 사회적 역할의 차이를 고려하더라도, 이 사건 법률 조항에 의하여 병역법상의 모든 국방 의무를 남자에게만 부과하는 것은, 헌법상 규정된 국방 의무의 부담에 있어서 남성과 여성을 합리적으로 차별한다고 볼 수 없다. 이는 오히려 과거에 전통적으로 남녀의 생활관계가 일정한 형태로 형성되어 왔다는 사실이나 관념에 기인하는 차별로 보이는바, 그러한 성역할에 관한 고정관념에 기초한 차별은 허용되지 않는 것이다.

한편 현재 국방의 의무를 구체화하고 있는 여러 법률들은 남자에 대하여 대부분의 의무를 부과하고, 여자는 소극적 지원에 그치게 함으로써 국방 의무의 배분이 전체적으로 균형을 이루고 있다고 인정하기 어렵고, 나아가 남자에 대하여 병역 의무의 이행에 따르는 기본권 제한을 완화시키거나 그 제한으로 인한 손실 및 공헌을 전보하여 주는 제도적 장치가 마련되어 있지도 않다.

결국 이 사건 법률 조항이 대한민국 국민인 남자에게만 병역 의무를 부과한 것은, 헌법상 국방 의무를 합리적 이유 없이 자의적으로 배분한 것으로서 남성의 평등권을 침해하므로 헌법에 위반된다.

05.

세월호피해지원법령상 이의제기 금지는 정당한가?

- 헌재 2017. 6. 29. 2015헌마654

해설

2014년 4월 16일 발생한 일명 '세월호 사건'은 우리 국민 모두에게 상처로 남아 있다. 사망자(실종자 포함) 수가 304명에 이르는 대형참사였다는 것도 그렇지만, 배가 침몰되고 있는 과정을 언론이 생방송으로 보도하고 있는데도 국가가 아무런 조치를 취하지 않는(혹은 못하는) 충격적이고 절망적인 상황을 온 국민이 경험했기 때문이다. 그리고 이어서 진행되어야 하는 진상조사나 피해 보상 및 배상 문제는 국가와 피해자 가족 및 시민사회와의 입장과 견해 차이로 난항을 겪다가 보수와 진보 진영 간의 갈등으로까지 왜곡되어 아직까지 해결되지 않았다.

피해자 가족과 시민사회는 참사의 진상을 철저히 규명하는 것을 최우선으로 하는 반면, 국가는 진상조사보다는 피해 보상 등으로 사건을 조속히 마무리하려고 한다는 인상을 지울 수 없다. 본 판례의 대상이 된 법령 조항도 사건을 마무리하고자 하는 내용들이다.

이 판례는 헌법재판소가 2017년 6월 29일 선고한 결정이다. 2014년 4월 16일 발생한 '세월호 사건'의 후속 처리와 관련하여 제정된 「4·16세월호참사 피해구제 및 지원 등을 위한 특별법」(이하 '세월호피해지원법') 속 특정 조항이 헌법소원심판의 대상이 되었다. 본 판례의 사실관계를 요약하면 아래와 같다.

갑(甲) 등은 2014.4.16. 전남 진도군 조도면 병풍도 북방 1.8해리 해상에서 전복된 선박 '세월호'에 승선하고 있다가 사망한 사람들의 부모다. 세월호피해지원법은 세월호 참사로 인하여 희생된 사람을 추모하고 피해자에 대한 신속한 피해 구제와 생활 및 심리 안정 등의 지원을 통하여 피해지역의 공동체 회복을 도모하기 위한 목적으로 제정되어 2015.3.29.부터 시행되었다.

갑 등은 심의위원회의 배상금 등 지급 결정에 신청인이 동의한 때에는 국가와 신청인 사이에 재판상 화해가 성립된 것으로 보는 세월호피해지원법 제16조[37]는 갑 등의 재판청구권

---

37 세월호피해지원법 제16조(지급 결정 동의의 효력) 심의위원회의 배상금·위로지원금 및 보상금 지급 결정에 대하여 신청인이 동의한 때에는 국가와 신청인 사이에 「민사소송법」에 따른 재판상 화해가 성립된 것으로 본다.

을 침해하고, 배상금 등을 지급받으려는 신청인으로 하여금 '4·16세월호참사에 관하여 어떠한 방법으로도 일체의 이의를 제기하지 않을 것임을 서약합니다'라는 내용이 기재된 배상금 등 동의 및 청구서를 제출하도록 규정한 세월호피해지원법 시행령 제15조 중 별지 제15호 서식 부분[38]은 갑 등의 일반적 행동의 자유를 침해한다고 주장하며, 2015. 6. 19. 헌법소원심판을 청구하였다.

헌법재판소는 세월호피해지원법 제16조는 재판청구권을 침해하지 않는다고 하였고, 세월호피해지원법 시행령 제15조 중 별지 제15호 서식 가운데 일체의 이의제기를 금지한 부분은 일반적 행동의 자유를 침해한다고 보았다.

본 판례의 쟁점은 세월호피해지원법 제16조의 재판상 화해 간주 조항이 재판청구권을 침해하는가와 세월호피해지원법 시행령상 이의제기 금지 서약 문구가 개인의 일반적 행동자유권을 침해하는가이다.

---

38 세월호피해자지원법 시행령 제15조(신청인의 동의 및 지급 청구) 법 제15조 제1항에 따라 배상금 등을 지급받으려는 신청인은 별지 제15호 서식의 배상금 등 동의 및 청구서에 인감증명서(서명을 한 경우에는 본인서명사실확인서를 말한다) 및 신청인의 배상금 등 입금계좌통장 사본을 첨부하여 심의위원회에 제출하여야 한다. 별지 15호 서식 중 일체의 이의제기를 금지한 부분은 아래와 같다.
'3. 신청인은 배상금 등을 받았을 때에는 4·16세월호 참사로 인한 손해·손실 등에 대하여 국가와 재판상 화해를 한 것과 같은 효력이 있음에 동의하고, 4·16세월호 참사에 관하여 어떠한 방법으로도 일체의 이의를 제기하지 않을 것임을 서약합니다.'

헌법재판소는 세월호피해지원법 제16조의 재판상 화해 간주 조항은 재판청구권을 침해하지 않는다고 판단했다. 세월호피해지원법 시행령상 이의제기 금지 서약 문구에 대해서는 다수 의견은 일반적 행동자유권을 침해한다고 보았고, 헌법재판관 2인의 반대 의견은 일반적 행동자유권 침해가 아니라고 보았다.

사견으로는 세월호피해지원법 제16조의 재판상 화해 간주 조항은 재판청구권을 침해하지 않는다는 헌법재판소의 판단은 타당해 보인다. 그리고 세월호피해지원법 시행령상 이의제기 금지 서약 문구에 대해서는 일반적 행동자유권 침해라고 보는 다수 의견이 타당해 보인다. 무엇보다도 목적(의도)의 정당성을 인정하기 어렵기 때문이다. 서약을 요구하는 취지에 대해 배상금 등 동의 및 청구서를 제출하게 될 때 법적 의미와 효력에 관하여 정확하게 안내하여 동의 및 청구서를 제출하기 전에 심사숙고하게 하려는 것이라고 설명하지만, 그것은 명분에 불과하다. '4·16세월호 참사에 관하여 어떠한 방법으로도 일체의 이의를 제기하지 않을 것임을 서약합니다'라는 문구의 표현을 볼 때 배상금 등 청구를 끝으로 세월호 관련 문제제기를 모두 봉쇄하고자 하는 데 실질적 의도가 있다고 보인다.

또한 세월호 참사에 관하여 어떠한 방법으로도 일체의 이의를 제기하지 않는다는 무제한적 포괄적 권리 포기는 세월호피해지원법 제16조에서 규정하는 동의의 효력 범위(재판상 화해가 성립된 것으로 간주)를 훨씬 초월하는 것인데, 이것은 법률의 별도의 위임 없이 세월호피해지원법 시행령이 독자적인 규제를 신설하는 것이어서 법률 유보의 원칙(국민의 권리를 제한하고 의무를 부과하는 효과가 있는 국가의 행위에는 법률에 근거가 있어야 한다는 법원칙)에도 반한다. 결국 세월호피해지원법 시행령이 규정하는 이의제기 금지 서약 요구는 정당하지 못한 목적으로 행해지는 조치이고 법률 유보의 원칙에도 반하여 서약자의 일반적 행동자유권을 침해한다고 할 것이다.

판례 요약

1) 헌법재판소 다수 의견

세월호피해지원법 제16조는 지급 절차를 신속히 종결함으로써 세월호 참사로 인한 피해를 신속하게 구제하기 위한 것이다. 세월호피해지원법에 따라 배상금 등을 지급받고도 또다시 소송으로 다툴 수 있도록 한다면, 신속한 피해 구제와 분쟁의 조기 종결 등 세월호피해지원법의 입법 목적은 달성할 수 없게 된다.

세월호피해지원법 규정에 의하면, 심의위원회의 제3자성, 중립성 및 독립성이 보장되어 있다고 인정되고, 그 심의 절차에 공정성과 신중성을 제고하기 위한 장치도 마련되어 있다.

세월호피해지원법은 소송 절차에 준하여 피해에 상응하는 충분한 배상과 보상이 이루어질 수 있도록 관련 규정을 마련하고 있다. 신청인에게 지급 결정 동의의 법적 효과를 안내하는 절차를 마련하고 있으며, 신청인은 배상금 등 지급에 대한 동의에 관하여 충분히 생각하고 검토할 시간이 보장되어 있고, 배상금 등 지급 결정에 대한 동의 여부를 자유롭게 선택할 수 있다.

따라서 심의위원회의 배상금 등 지급 결정에 동의한 때 재판상 화해가 성립한 것으로 간주하더라도 이것이 재판청구권 행사에 대한 지나친 제한이라고 보기 어렵다. 세월호피해지원법 제16조가 지급결정에 재판상 화해의 효력을 인정함으로써 확보되는 배상금 등 지급을 둘러싼 분쟁의 조속한 종결과 이를 통해 확보되는 피해 구제의 신속성 등의 공익은 그로 인한 신청인의 불이익에 비하여 작다고 보기는 어려우므로, 법익의 균형성도 갖추고 있다. 따라서 세월호피해지원법 제16조는 청구인들의 재판청구권을 침해하지 않는다.

세월호피해지원법은 배상금 등의 지급 이후 효과나 의무에 관한 일반 규정을 두거나 이에 관하여 범위를 정하여 하위 법규에 위임한 바가 전혀 없다. 따라서 세월호피해지원법 제15조 제2항의 위임에 따라 시행령으로 규정할 수 있는 사항은 지급 신청이나 지급에 관한 기술적이고 절차적인 사항일 뿐이다.

신청인에게 지급 결정에 대한 동의의 의사표시 전에 숙고의 기회를 보장하고, 그 법적 의미와 효력에 관하여 안내해줄 필요성이 인정된다 하더라도, 세월호피해지원법 제16조에서 규정하는 동의의 효력 범위를 초과하여 세월호 참사 전반에 관한 일체의 이의제기를 금지시킬 수 있는 권한을 부여받았다고 볼 수는 없다. 따라서 세월호피해지원법 시행령 제15조의 별지 제15호의 이의제기 금지 조항은 법률 유보 원칙을 위반하여 법률의 근거 없이 대통령령으로 청구인들에게 세월호 참사와 관련된 일체의 이의제기 금지 의무를 부담시킴으로써 일반적 행동의 자유를 침해한다.

2) 이의제기 금지 조항에 대한 재판관 김창종, 조용호의 반대 의견

신청인이 심의위원회의 지급 결정에 동의하고, 배상금 등을 지급받아 재판상 화해가 성립된다고 하더라도, 그 효력이 미치는 범위는 '세월호 참사와 관련하여 입은 손해나 손실 등 피해'에 한정되는 것이지, 더 나아가 세월호 참사의 진상 규명이나 책임자 처벌 요구를 하지 못하게 된다거나 관련 형사소송에서 피해자로서 참여하는 권리 등을 잃게 되는 효과가 발생하는 것이 아님은 명백하다.

세월호피해지원법 시행령 제15조의 별지 제15호 '배상금 등 동의 및 청구서' 서식에서 '신청인은 배상금 등을 받았을 때 세월호 참사로 인한 손해·손실 등에 대하여 국가와 재판상 화해를 한 것과 같은 효력이 있음에 동의하고'라는 문언 다음에

곧바로 이어서 이의제기 금지 취지의 기재가 추가되어 있으므로, 그 내용은 전단의 문언과 연관 지어 합리적으로 해석하여야지 이와 분리하여 독자적인 의미를 가지는 것으로 해석해서는 아니되는 점, 국가는 신청인에게 재판상 화해의 의미와 효력을 다시 한 번 확인시켜주고, 신청인이 지급 결정에 대한 동의서를 제출할 때 충분히 숙고하여 신중을 기하도록 할 필요가 있는 점 등을 종합하면, 이의제기 금지 조항은 실질적으로 세월호피해지원법 제16조와 동일한 내용을 규정한 것에 불과하고, 이로 인하여 청구인들의 일반적 행동의 자유를 새롭게 제한하는 효과가 생기는 것은 아니다. 따라서 이의제기 금지 조항은 청구인들의 기본권을 새로이 침해하는 공권력의 행사에 해당하지 아니한다.

06.

집회 참가자들에 대한 경찰의 촬영 행위는 집회의 자유를 침해하는가?

- 헌재 2018 .8. 30. 2014헌마843

해설

이 판례는 헌법재판소가 2018년 8월 30일 선고한 결정이다. 집회 참가자들에 대한 경찰의 촬영 행위라는 사실행위가 심판의 대상이 되었다. 행정청의 시정 명령, 영업 정지, 과징금 부과 등과 같은 행정 처분은 법적 행위로서 국민에게 권리 제한 혹은 의무 부과와 같은 효과가 남게 된다. 그렇기 때문에 그러한 법적 행위에 대해서 소송을 통해 위법을 확인하여 취소 또는 무효화시켜야 국민에게 불리한 효과가 제거될 수 있다.

그렇지만 행정청의 강제집행 또는 강제해산 등과 같은 사실행위의 경우에는 행위와 동시에 국민이 불이익을 받고 사실행위가 종료함과 동시에 불이익도 종료된다. 그래서 사실행위의 결과 발생한 손해에 대해 손해배상을 청구하는 것은 별론으로 하고, 사실행위 자체를 취소하거나 무효화시키는 것은 실익이 없다.

그런데 헌법재판소는 이러한 사실행위의 경우에도 기본권 침해 행위가 장차 반복될 위험이 있거나 당해 분쟁의 해결이 헌법질서의 유지·수호를 위하여 긴요한 사항이어서 헌법적으로 그 해명이 중대한 의미를 지니고 있는 때에는 예외적으로 심판의 이익이 있다고 한다(헌재 2011. 12. 29. 2010헌마285 등). 이 판례에서 문제되는 경찰의 촬영 행위도 사실행위인데, 헌법적으로 해명이 필요한 문제이기 때문에 헌법적 판단을 받은 것이다. 본 판례의 사실관계는 아래와 같다.

갑(甲) 등은 연세대학교 법학전문대학원 재학생들로 2014. 8. 29. 16:00경부터 19:00경까지 연세대학교 앞에서 광화문 광장까지 세월호특별법 제정 촉구를 목적으로 행진하는 집회에 참가하였다. 이 사건 집회의 주최자 갑은 2014. 8. 27.경 집회명 '연세대학교 학생/교수/동문 8. 29 도심순례', 집회 목적 '유가족 세월호특별법 제정 촉구', 개최 일시 '2014. 8. 29. 16:00부터 18:00까지', 개최 장소 및 시위 진로 '연세대학교 앞→명물거리→이화여자대학교 앞→이대역→아현역 →충정로역→서대문역→경향신문사', '보도, 인도 이용', 주관자 '연세대학교 총학생회', 참가 예정 인원 80명으로 하여 서울지방경찰청에 신고하였다. 갑 등 집회 참가자 약 120명은 신고한 대로 구호를 제창하며 인도로 진행하였고, 2014. 8. 29. 17:50경 애초 신고한 마지막 지점인 경향신문사 앞을 지나 광화문 방면으로 약 100m 정도 행진을 계속하자, 경찰은 한국씨티은행 앞 인도에서 이를 저지하며 대치하게 되었고, 경찰은 신고 범위를 일탈한 불법 행진임을 수차례 경고하였고, 17:58경 미신고 불법 집회를 이유로 종결 선언을 요청하였으나, 주최자가 이를 거부하자 18:00경 자진 해산 요청을 하였으며, 18:08경에는 1차 해산 명령을 하였다. 경찰은 집회 참가자들이 신고 장소를 벗어난 다음 경찰의 경고 등의 조치가 있을 무렵부터 채증 카메라 등을 이용하여 집회 참가자들의 행위, 경고 장면과 해산 절차 장면 등을 촬영하기 시작하였고, 갑 등을 포함한 집회 참가자들이 18:15경 자진 해산하여 개별적으로 광화문광장으로 이동하기 시작하자, 촬영을 중단하였다.

갑 등은 이 사건 촬영 행위가 청구인들의 초상권, 개인정보자기결정권 및 집회의 자유 등을 침해하여 위헌이라고 주장하며, 2014.10. 2. 헌법소원심판을 청구하였다.

헌법재판소는 이 사건 촬영 행위를 청구인들의 기본권을 침해하지 않는 합헌적 행위로 보아 갑 등의 청구를 기각하였다.

본 판례의 쟁점은 집회 참가자에 대한 경찰의 채증 목적의 촬영 행위가 집회 참가자들의 기본권을 침해하여 위헌인가이다. 헌법재판소의 법정 의견은 합헌이라는 취지의 기각 의견이고, 헌법재판관 5인의 반대 의견은 위헌이라는 취지의 인용 의견이다.

사견으로는 반대 의견의 견해가 타당해 보인다. 집회 참가자들에 대한 촬영 행위는 미신고집회에 대한 채증 목적을 넘어 집회 참여자들에게 자신들이 촬영되고 있음을 인식하게 만드는 의도가 담긴 촬영으로서 집회 참가자들에게 심리적 위축을 가하여 집회를 종료시키기 위한 목적이 있었다는 점에서 목적이 정당하지 않다. 그리고 수사의 채증 편의에만 치우친 나머지 침해되는 집회의 자유나 인격권 등을 고려하지 않아 법익의 균형성에도 어긋난다.

그런데 이 판례에서 주목할 점은 헌법재판소의 법정 의견은 합헌이라는 취지의 기각 의견이었지만, 위헌이라는 취지의 인용 의견이 오히려 재판관 수에 있어서는 다수였다는 점이다. 즉, 헌법재판관 9인 중에서 인용 의견이 5인이었고, 기각 의견이 4인이었다.

헌법과 헌법재판소법은 헌법재판소가 법률의 위헌 결정, 탄핵의 결정, 정당 해산의 결정 또는 헌법소원에 관한 인용 결정을 할 때에는 재판관 6인 이상의 찬성이 있어야 한다고 규정하고 있다.[39] 여기에서 열거한 것을 제외한 결정, 예를 들면 권한

---

39 헌법 제113조 제1항, 헌법재판소법 제23조 제2항 제1호.

쟁의 심판에서의 인용 결정 등은 과반수의 찬성으로 가능하다. 이 사건은 헌법소원사건이므로 인용(위헌) 결정을 위해서는 인용 의견이 6인 이상이어야 하는데 이 사건에서는 인용 의견이 5인이었으므로 인용 결정을 할 수 없었다. 그래서 4인의 기각(합헌) 의견이 소수 의견임에도 법정 의견이 된 것이다.

판례 요약

1) 헌법재판소 법정 의견

이 사건 촬영 행위는 집회·시위 주최자 등의 범죄에 대한 증거를 수집하여 형사소추에 활용하기 위한 것으로서 목적의 정당성과 수단의 적합성이 인정된다.

「집회 및 시위에 관한 법률」(약칭 '집시법') 제6조 제1항은 옥외 집회 또는 시위의 주최자는 720시간 내지 48시간 전에 관할 경찰서장에게 이를 신고하여야 한다고 규정하고, 집시법 제22조 제2항은 이를 위반한 경우 형사처벌하고 있다. 그리고 집시법 제16조 제4항 제3호는 집회 또는 시위의 주최자는 신고한 목적, 일시, 장소, 방법 등의 범위를 뚜렷이 벗어나는 행위를 하여서는 아니 된다고 규정하고, 집시법 제22조 제3항은 이를 위반한 경우 형사처벌하고 있다. 집시법 제24조 제5호는 집시법 제20조에 따른 경찰의 해산 명령에 불응하는 집회 참가자들을 형사처벌하고 있다. 집시법 제20조 제1항 제2호는 미신고 옥외 집회·시위를 해산 명령의 대상으로 하면서 별도의 해산 요건을 규정하고 있지 아니하다.

그러나 미신고 옥외 집회·시위로 인하여 타인의 법익이나 공공의 안녕질서에 대한 직접적인 위험이 명백하게 초래된 경우에 한하여, 경찰은 위 조항에 기하여 해산을 명할 수 있고, 집회·시위 참가자가 이런 적법한 해산 명령에 불응하는 경우에만 집시법 제24조 제5호에 의하여 처벌할 수 있다. 이와 마찬가지로 집시법 제20조 제1항 제5호가 해산 명령의 대상으로 규정하는 '신고 범위를 뚜렷이 벗어난 행위로 질서를 유지할 수 없는 집회' 역시 '신고 범위를 뚜렷이 벗어난 행위로 타인의 법익이나 공공의 안녕질서에 대한 직접적인 위험이 명백하게 초래하는 집회'로 해석해야 한다.

이 사건에서 경찰은 이 사건 집회 참가자들이 신고 범위를 벗어난 다음 촬영 행위를 시작하여, 그들이 자발적으로 해산하자 이 사건 집회와 관련한 촬영 행위를 곧바로 종료하였다. 한편 경찰은 이렇게 수집한 촬영 자료를 곧바로 폐기했다고 주장하고, 이를 객관적으로 확인할 자료는 없으나, 경찰이 청구인들에 대한 수사를 더 이상 진행하지 아니한 것으로 보이므로, 그 촬영 자료는 이 사건 집회와 관련한 형사사건의 증거로 사용될 가능성은 없다. 아울러 경찰이 이를 폐기하였다고 한 이상 혹시라도 청구인들에 대한 다른 사건에서 이를 증거로 사용하는 것도 허용되어서는 아니 될 것이다. 이러한 사정들을 종합하면, 이 사건 촬영 행위는 침해의 최소성 원칙(입법목적을 실현하는 데에 있어 똑같이 효율적인 여러 가지 수단 중에서 기본권을 가장 적게 제한하는 수단이어야 한다는 것을 말한다)에 위배된다고 할 수 없다.

경찰의 촬영 행위는 집회의 시간, 장소, 방법과 목적을 스스로 결정하는 권리를 보장하는 집회의 자유를 직접적으로 제한하는 것이 아니고, 촬영 활동으로 인한 집회 참가자들의 심리적 위축을 통해 '간접적으로' 집회의 자유를 제한하는 것이다. 그리고 이 사건 촬영 행위는 공개된 장소에서 이루어졌고, 경찰은 이 사건 집회 참가자들이 신고 범위를 벗어난 때부터 자발적으로 해산할 때까지만 촬영 행위를 하였으며, 촬영 자료는 이 사건 집회가 종료한 후 곧바로 폐기된 것으로 보이므로, 청구인들의 기본권 제한은 제한적이다. 따라서 이 사건 촬영 행위로 달성하려는 공익, 즉 범인을 발견·확보하고 증거를 수집·보전함으로써 종국적으로 이루려는 질서유지보다 청구인들의 기본권 제한이 크다고 단정할 수 없으므로, 이 사건 촬영 행위는 법익의 균형성에 위배된다고 할 수 없다.

이 사건 촬영 행위는 과잉금지의 원칙을 위반하여, 청구인들의 일반적 인격권, 개인정보자기결정권 및 집회의 자유를 침해한다고 볼 수 없다.

2) 재판관 이진성, 김이수, 강일원, 이선애, 유남석의 반대 의견

이 사건 촬영 행위는 집회 현장에서 불법 행위에 대한 증거 자료를 확보하기 위한 것이지만, 그와 동시에 국가기관이 집회 참여자들의 정보를 확보하는 계기가 되기도 한다. 집회에 참여했음을 계기로 사진이 촬영되어 자신의 인적 상황, 집회에 참석했다는 사실 및 참석한 집회에 관한 정보가 국가에 의해 확보되고 관리될 수 있다는 것을 우려하는 개인은 그러한 정보 관리로 인해 자신에게 향후 불이익이 발생할 수도 있지 않을까 하는 두려움을 느끼게 되는데, 이러한 두려움은 집회 참가를 통해 국가권력이 추구하는 정책 등에 대하여 이견을 제시하고자 하는 개인의 집회의 자유를 위축시킬 수 있다. 민주주의가 원활하게 작동하기 위해서는 투표 이외에도 국민들이 정치적 의사 형성에 참여할 수 있는 기회가 폭넓게 보장되어야 하는데, 위와 같은 위축 효과는 개인의 공민으로서의 삶을 제약하게 될 것이다.

따라서 불법 행위에 대한 증거 자료를 확보해야 한다는 측면만 강조해 집회 참가자들에 대한 과도한 촬영이 이루어지도록 해서는 안 되며, 집회 참가자들의 불법 행위에 대한 증거 수집이 필요하다 하더라도 이는 목적 달성을 위하여 필요한 범위에서 적법 절차에 따라 이루어져야 한다. 그러므로 집회 참가자들에 대한 촬영 행위는 불법 행위가 진행 중에 있거나 그 직후에 불법 행위에 대한 증거 자료를 확보할 필요성과 긴급성이 있는 경우에만 허용되어야 한다.

　이 사건에서 청구인들을 비롯한 이 사건 집회 참가자들이 비록 신고한 장소를 다소 벗어나 행진한 사실이 있었다 해도 그로 인하여 타인의 법익이나 공공의 안녕질서에 대한 직접적이고 명백한 위험을 발생시켰다고 볼 어떠한 증거도 없다. 오히려 기록에 의하면, 이 사건 집회 참가자들은 경찰의 해산 명령 발령 즉시 그 자리에서 자신들은 평화로운 집회와 시위를 했을 뿐인데도 경찰이 해산 명령을 한 것은 대법원 판결에서 판시한 해산 명령의 발령 요건을 위반한 것이라고 적극적으로 항의를 하였고, 그 이후 스스로 피켓과 현수막을 접고 인도를 따라 1~2명 단위로 삼삼오오 흩어져 이동함으로써 자진하여 이 사건 집회를 해산하였음을 알 수 있다.

　따라서 이 사건 집회가 타인의 법익이나 공공의 안녕질서에 대한 명백한 위험을 초래하는 불법·폭력 집회가 아님에도 단순히 신고 장소를 벗어난 미신고집회로 되었다는 이유로 위법한 해산 명령을 발령한 이후 그 해산 명령에 불응한다는 이유로 집회 참가자들을 상대로 채증 목적의 촬영을 했다는 점에서도 이 사건 촬영 행위는 정당화되기 어렵다.

　가사 이 사건 집회가 신고된 장소 범위를 벗어났기 때문에 집회 주최자의 불법 행위를 입증하기 위한 증거 확보 차원에서 전반적인 집회 상황을 촬영할 필요가 있었다 하더라도, 이 사건 촬영 행위는 그 방식에 있어서 과도한 제한을 초래하였다.

집회 주최자에 대한 정보는 집회를 신고할 때 명시되므로, 집회 주최자의 신원을 확인하기 위한 촬영의 필요성은 크지 않다. 다만 집회 주최자를 처벌하기 위해 집회가 신고 범위를 벗어났다는 점을 입증하기 위한 촬영의 필요성은 있을 수 있는데, 이러한 촬영은 집회 현장의 전체적 상황을 촬영하는 것으로 충분하므로 원거리에서 집회 참가자 개개인의 신원이 식별되지 않는 수준에서 촬영이 이루어지면 충분한 것이다.

그러나 기록에 의하면 이 사건 촬영 행위는 여러 개의 카메라를 이용해 근거리에서 집회 참가자들의 얼굴을 촬영하는 방식으로 이루어졌고, 당시 집회 참가자들은 여러 개의 카메라를 통해 자신들의 얼굴이 근접 촬영되고 있음을 인식하고 즉시 그 자리에서 채증 촬영의 부당함을 항의한 사실이 있었음을 알 수 있다. 그렇다면, 이 사건 촬영 행위는 집회 참여자들의 얼굴이 식별될 수 있는 가까운 거리에서 집회 참여자들에게 자신들이 촬영되고 있음을 인식하게 만드는 의도가 담긴 촬영이었다는 점에서도 미신고집회라는 불법 행위에 대한 채증 목적을 넘어 이 사건 집회 참가자들에게 심리적 위축을 가하는 부당한 방법으로 집회를 종료시키기 위한 목적이 상당 부분 가미되어 있었다고 보인다. 이 사건 촬영 행위는 미신고집회라는 불법 행위에 책임을 져야 할 집회 주최자에 대한 증거를 확보하기 위한 것으로서 사회의 질서 유지라는 공익에 기여할 수 있지만, 다른 한편으로는 미신고집회라는 불법 행위에 대한 책임과 무관한 이 사건 집회 참가자들에게 집회 및 시위 현장에서 얼굴을 근접 촬영 당하는 심리적 부담을 가하여 집회의 자유를 전체적으로 위축시키는 결과를 가져오기도 했다.

이 사건 집회는 평화로운 집회였음에도 단지 신고된 장소를 다소 벗어났다는 이유로 언제든 폭력적인 집회로 변질될 수 있다는 막연한 우려를 근거로 집회 참가자들의 의사에 반하여 그들의 얼굴을 근거리에서 촬영한 것이므로, 이 사건 촬영 행위는 지나치게 수사의 편의에만 치우친 행위라는 비판을 피하기 어렵다. 따라서 이 사건 촬영 행위에 의한 기본권의 제한 정도는 그것이 달성하려는 공익에도 불구하고 민주사회가 청구인들에게 수인하도록 요구할 수 있는 수준을 넘어선 것이라고 보인다. 그렇다면 이 사건 촬영 행위는 공익적 필요성에만 치중한 탓에 그로 인해 제약된 사익과의 조화를 도외시함으로써 필요한 범위 이상으로 기본권을 제한하고 있다는 점에서 피해의 최소성과 법익의 균형성 요건을 충족하였다고 할 수 없다.

이 사건 촬영 행위는 과잉금지의 원칙을 위반하여 청구인들의 일반적 인격권, 집회의 자유를 침해하였다.

07. 상업용 음반을 저작권자의 허락 없이 재생할 수 있게 하는 것은 저작권 침해인가?

- 헌재 2019. 11. 28. 2016헌마1115

해설

저작권의 보호 대상이 되는 문학, 음악, 영상 등은 일반대중의 문화적 향유권의 대상이기도 하다. 그러므로 저작권과 문화적 향유권 사이에는 긴장관계가 있을 수 있다. 저작권자의 보호에 치중하여 일반대중이 저작물에 접근하는 것을 지나치게 까다롭게 하면, 대중의 문화적 향유는 제한되고, 종국에는 대중이 저작물의 소비를 포기하여 저작물은 사장될 것이다. 반대로 일반대중의 문화적 향유권 보장에만 치중하여 대중이 저작물에 접근하는 것에 제한이 없거나 지나치게 쉽다면 누구도 비용과 노력을 들여 고품질의 저작물을 생산하려 하지 않을 것이다. 그렇게 되면 결국 대중은 향유할 문화적 대상을 잃게 된다.

이 문제는 저작자의 저작권과 일반대중의 문화적 향유권 등 관련 이익과 문제 상황을 검토하여 적절한 조화의 지점을 찾는 데서 답을 찾을 수밖에 없다. 이 판례는 헌법재판소가 2019년 11월 28일 선고한 결정으로서 저작권법의 특정 조항의 위헌성을 주장하고 있다. 본 판례의 사건 전개는 아래와 같다.

갑(甲) 협회 등은 모두 문화체육관광부장관으로부터 저작권 신탁관리업 허가를 받은 사단법인이다. 갑 협회, 을(乙) 협회는 각각 음악 저작물에 관한 저작재산권을 관리하고 있고, 병(丙) 협회는 실연자의 저작인접권을 관리하고 있다. 정(丁) 협회는 음반 제작자의 저작인접권 등을 관리하고 있고, 무(戊) 협회는 영상 저작물에 관한 저작재산권을 관리하고 있다. 갑 협회 등은, 원칙적으로 대가를 받지 않는 공연의 경우에는 상업용 음반이나 상업용 영상 저작물을 재생하여 공중에게 공연할 수 있다고 규정하고 있는 저작권법 제29조 제2항[40]이 기본권을 침해한다고 주장하면서, 2016. 12. 21. 이 사건 헌법소원심판을 청구하였다. 헌법재판소는 동법 조항이 기본권을 침해하지 않는다고 보아 청구를 기각하였다.

---

40 저작권법 제29조
② 청중이나 관중으로부터 해당 공연에 대한 대가를 지급받지 아니하는 경우에는 상업용 음반이나 상업적 목적으로 공표된 영상 저작물을 재생하여 공중에게 공연할 수 있다. 다만, 대통령령으로 정하는 경우에는 그러하지 아니하다.

본 판례의 쟁점은 공연에 대한 반대급부를 받지 않는 경우 상업용 음반이나 영상 저작물을 재생하여 공중에게 공연할 수 있다고 규정하는 저작권법 제29조 제2항이 저작재산권자 등의 재산권을 침해하는지 여부이다.

헌법재판소의 다수 의견은 저작재산권자의 재산권을 침해하지 않아서 합헌이라는 입장이고, 헌법재판관 3인의 반대 의견은 저작재산권자의 재산권을 침해하여 위헌이라는 입장이다.

사견으로는 합헌성을 인정하는 다수 의견이 타당해 보인다. 저작권법 제29조 제2항은 저작재산권자의 재산권 침해가 있다고 볼 수 없는 일반적인 경우에는 대중의 문화적 향유권을 우선하여 저작재산권자 등의 허락 없이도 음반이나 영상 등 저작물을 재생하여 공연할 수 있게 하고 있다. 그리고 일정 규모 이상의 영리 목적의 업장인 카페, 주점, 체육시설, 관광시설 등 저작재산권 침해가 크다고 보이는 곳에서는 저작재산권자의 재산권을 우선하여 제29조 단서와 시행령을 통해 다시 저작재산권자 등의 허락을 받게 하고 있다. 저작권법 제29조가 저작재산권자의 재산권과 대중의 문화적 향유권을 적절히 조화하고 있는 것이다.

1) 헌법재판소 다수 의견

심판대상 조항은 공중이 저작물의 이용을 통한 문화적 혜택을 누릴 수 있도록 하기 위한 것으로 입법 목적이 정당하고, 일정한 요건 하에 누구든지 상업용 음반 등을 재생하여 공중에게 공연할 수 있도록 하는 것은 상업용 음반 등에 대한 공중의 접근성을 향상시켜 위와 같은 입법 목적의 달성을 위하여 적합한 수단이 된다.

심판대상 조항이 적용되는 공연의 경우 해당 공연이 영리를 목적으로 한 것인지 여부를 불문하고 저작재산권자 등은 해당 상업용 음반 등에 관한 권리를 행사할 수 없으나, 저작권법 제29조 제2항 단서는 공연권 제한조항에도 불구하고 저작재산권자의 공연권이 제한되지 않는 경우를 대통령령으로 정하도록 규정하고 있고, 위 조항은 저작권법 제87조 제1항에 의하여 저작인접권의 목적이 되는 실연, 음반 및 방송에 관하여도 준용되므로, 저작권법 제29조 제2항 단서 및 저작권법 시행령에서 정한 예외 사유에 해당하는 경우에는 저작재산권자 등이 여전히 해당 상업용 음반 등에 관한 권리를 행사할 수 있다.

비록 위 조항들은 재산권의 원칙적 제한 및 예외적 보장의 형식을 취하고 있으나, 이는 입법자가 우리나라의 현실에서 상업용 음반 등을 재생하는 공연이 이루어지고 있는 다양한 상황과 함께 저작재산권자 등의 권리 보호에 관한 국제적 기준을 염두에 두고, 구체적 사안에서 저작재산권자 등의 재산권 보장과 공중의 문화적 혜택 향수라는 공익이 조화롭게 달성되도록 하기 위한 정책적 고려에서 이와 같은 규율형식을 택한 것으로 볼 수 있다. 실제로 저작권법 시행령 제11조는 같은 법 제29조 제2항 단서의 위임에 따라, 상업용 음반 등이 공연되는 장소, 해당 공간의 용도, 해당 공간이 영업소인 경우 상업용 음반 등의 공연이 영업에 미치는 영향, 공연 대상인 청중 등의 규모 등 다양한 요소를 고려하여 저작재산권자의 권리를 보호할 필요성이 큰 경우에는 공연권 제한의 예외를 폭넓게 규정하고 있다.

한편, 심판대상 조항에 따라 공중이 상업용 음반 등을 재생하는 공연을 경험하게 되더라도 그러한 이유만으로 해당 상업용 음반 등에 대한 이용 욕구가 감소한다고 단정하기 어렵고, 오히려 해당 상업용 음반 등이 공중에 널리 알려짐으로써 판매량이 증가하는 등 저작재산권자 등이 간접적인 이익을 누리게 되는 경우도 있을 수 있다. 이상을 고려하여 보면, 심판대상 조항이 침해의 최소성 원칙에 위반된다고 단정하기 어렵다.

나아가 심판대상 조항으로 인하여 저작재산권자 등이 상업용 음반 등을 재생하는 공연을 허락할 권리를 행사하지 못하거나 그러한 공연의 대가를 받지 못하게 되는 불이익이 상업용 음반 등을 재생하는 공연을 통하여 공중이 문화적 혜택을 누릴수 있게 한다는 공익보다 크다고 보기도 어려우므로, 심판대상 조항은 법익의 균형성도 갖추었다.

따라서 심판대상 조항이 비례의 원칙에 반하여 저작재산권자 등의 재산권을 침해한다고 볼 수 없다.

2) 재판관 김기영, 문형배, 이미선의 반대 의견

공중이 저작물의 이용을 통한 문화적 혜택을 누릴 수 있도록 하는 심판대상 조항의 입법 목적은 정당하다. 그러나 입법 목적을 달성하기 위해 선택된 수단은 필요하고 효과적이어야 하며, 목적 달성 예측의 불확실성을 감안하더라도 그 수단은 사실에 근거한 자료나 일반적 경험칙에 반하지 않는 것으로 유효해야 하는바, 아래와 같은 이유에서 심판대상 조항이 위 입법 목적을 달성하는 적합한 수단이라고 보기 어렵다.

외견상 심판대상 조항은 비권리자가 저작재산권자 등의 허락을 받지 않고서도 상업용 음반 등을 공연할 수 있게 함으로써 '공중의 문화적 혜택 향수'라는 입법 목적을 달성할 수 있는 것처럼 보인다. 그러나 우리나라는 심판대상 조항의 적용 예외를 정한 저작권법 시행령 제11조의 내용을 확대함으로써 심판대상 조항의 적용 범위를 축소해 왔다. 만약 심판대상 조항이 입법 목적을 달성하기에 적합한 수단이라면, 국가는 정책적으로 입법 목적과 모순·역행하는 시행령을 확대해온 것인데 이는 상정하기 어려운 결론이다.

이와 달리 심판대상 조항은 입법 목적을 달성하는 적합한 수단이 아니기 때문에 시행령 확대는 입법 목적과 모순되지 않고, 국가는 위 입법 목적과는 다른 고려에 따라 시행령을 확대해왔다고 보는 것이 합리적이다. 2017. 8. 22. 저작권법 시행령 제11조가 개정되어 체력단련장, 커피 전문점 또는 기타 비알코올 음료점업, 생맥주 전문점 또는 기타 주점업, 유통산업발전법상 '그 밖의 대규모 점포' 등이 심판대상 조항의 적용 범위에서 제외되었고, 이에 따라 주점업 및 음료점업은 매장 규모(50㎡ 미만의 영업장은 공연 사용료 면제)에 따라 최저 월 2,000원에서 10,000원, 체력단련장은 최저 월 5,700원에서 29,800원 수준으로 공연 사용료를, 유통산업발전법상 복합쇼핑몰, 그 밖의 대규모 점포는 월 80,000원에서 1,300,000원의 공연 사용료를 각각 지급하게 되었다.

그런데 위 저작권법 시행령 개정 이후 위 영업소에서 상업용 음반 등의 공연이 중단되는 등 공중의 문화적 혜택 수준이 유의미하게 감소되었다는 자료를 찾기 어렵고, 일상 경험 측면에서도 이를 확인하기 어렵다. 결국 심판대상 조항은 상업용 음반 등을 공연하여 발생하는 이익을 저작재산권자 등으로부터 비권리자에게로 이전하는 수단일 뿐, 공중의 문화적 혜택 수준에 영향을 미친다고 보기 어렵다. 따라서 일반적 경험칙과 자료에 비추어 심판대상 조항이 입법 목적을 달성하기 위해 필요하고 효과적인 방법이라고 할 수 없다.

심판대상 조항은 당해 공연에 대한 반대급부만 받지 않는다면 영리 목적 유무, 공연이 이루어지는 장소, 규모 등을 고려하지 않고 일률적으로 저작재산권자 등의 권리를 제한하고, 저작권법 제29조 제2항 단서를 고려하더라도 권리가 제한되는 예외가 일부·특별한 경우에 한정되지 아니한다. 다수 의견은 저작권법 제29조 제2항 단서의 위임을 받은 저작권법 시행령 제11조에 따른 영업소는 심판대상 조항이 적용되지 아니하고, 공연을 통하여 해당 상업용 음반 등이 공중에 알려지면 저작재산권자 등이 간접적인 이익도 향유할 수 있기 때문에 심판대상 조항이 침해의 최소성 원칙에 위반되지 않는다고 본다.

그러나 심판대상 조항의 위헌성은 법률 조항이 저작재산권자 등의 권리를 광범위하게 제한하는 것 자체에 있고, 그 하위 규범인 시행령의 내용에 따라 위헌성이 치유된다고 볼 수 없다. 이는 저작자의 권리를 '법률로써' 보호한다고 정한 헌법 제22조 제2항의 문언에도 반한다. 아울러 공연을 통해 상업용 음반 등이 공중에 알려짐으로써 해당 상업용 음반 등의 판매량이 증가할지도 모른다는 기대는 불확정적일 뿐만 아니라 개별 저작재산권자 등이 누리는 간접적 이익의 편차는 매우 크다. 특히 음악 저작물과 달리 영상 저작물은 대개 한 번의 관람으로 그 수요가 모두 충족되는 특성이 있어서, 심판대상 조항에 따라 상업용 영상 저작물이 공연될 경우에는 향후 이용

가능성을 소멸시켜 간접적 이익을 기대하기가 어렵다.

따라서 심판대상 조항에 의한 간접적 이익은 이 조항이 침해의 최소성 원칙에 위반되지 않는다는 적절한 논거가 될 수 없다. 따라서 설령 심판대상 조항이 입법 목적의 정당성과 수단의 적합성을 갖추고 있다고 보더라도 심판대상 조항은 필요한 최소한의 정도를 넘어 광범위하게 저작재산권자 등의 재산권을 제한하므로 침해의 최소성을 갖추지 못했다.

저작재산권자 등은 통상 상업용 음반 등의 판매 수익은 물론 이를 영리적 목적으로 공연하여 발생하는 2차적 수익까지도 저작재산권자 등의 정당한 이익에 포함된다고 기대한다. 저작재산권자 등이 통상 자신의 정당한 이익에 속한다고 기대할 수 있는 내용은 권리로서 보호할 당위성이 매우 클 뿐만 아니라 이를 권리로서 보호할 때 더욱 문화 및 관련 산업의 향상 발전에 이바지하게 된다.

그런데 앞서 본 바와 같이 심판대상 조항은 상업용 음반 등으로부터 통상 정당하게 기대할 수 있는 수익을 그 저작재산권자 등으로부터 영리 목적을 가진 비권리자에게 이전하는 것을 용인하므로 이 경우 침해되는 사익이 크다. 이에 반해 심판대상 조항이 실제로 달성하는 공중의 문화적 혜택의 향수라는 공익은 존재하지 아니하거나 있다 해도 미미하므로, 심판대상 조항은 법익의 균형성도 충족하지 못한다. 따라서 심판대상 조항은 과잉금지의 원칙에 반하여 청구인들의 재산권을 침해한다.

08. 학교폭력예방법상 서면 사과 요구는 양심의 자유를 침해하는가?

- 헌재 2023. 2. 23. 2019헌바93

해설

과거 학교 폭력 문제는 학교 당국의 권위주의적 혹은 강제적 처리로 학교 내에서 처리되었다. 가해 학생에 대해 폭력을 행사하든지 피해 학생에 대한 치유나 전보 없이 은폐하든지 그것은 학교 당국이 해결해야 하는 문제였다. 학교의 관심은 학교 폭력 문제의 정당한 해결보다는 문제가 학교 밖으로 나가지 않는 것이었다.

가급적 학교 내에서 해결하고자 했던 학교 폭력 문제가 지금은 학교의 담장을 넘어 사회의 관심 사안이 되었다. 학교 폭력 문제의 해결방식이었던 폭력이나 은폐는 사실상 사라졌지만 동시에 어느 정도 용인되던 교사나 학교 당국의 권위주의적 혹은 강제적 권한 또한 사라졌다. 과거의 처리방식은 사라졌는데 새로운 처리방식은 아직 정립되지 않은 것이다. 사회적 논의를 통해 새로운 처리방식이 정립되어질 것이다.

본 판례의 대상이 되는 학교폭력예방법과 같은 법률들이 정비되면서 새로운 처리방식이 정립될 것이지만 아직 길은 멀어보인다. 이 판례는 헌법재판소가 2023년 2월 23일 선고한 결정이다. '헌바' 사건은 위헌심사형 헌법소원이다. 법원의 재판 중 재판의 당사자가 재판의 전제가 되는 법률이 헌법에 위반된다며 당해 법원에 헌법재판소에 위헌법률심판제청을 해줄 것을 신청했는데, 법원이 이를 기각하였기 때문에 당사자가 직접 헌법재판소에 헌법소원을 제기한 것이다.[41] 본 판례의 사실관계를 요약하면 아래와 같다.

갑(甲)은 2017년경 중학교 1학년 학생이었다. A중학교 학교폭력대책자치위원회는 2017.12.4. 갑이 학교 폭력을 행사하였다는 이유로 구「학교폭력예방 및 대책에 관한 법률」(이하 구 학교폭력예방법) 제17조 제1항에 따른 피해 학생에 대한 서면사과(제1호), 피해 학생에 대한 접촉, 협박 및 보복행위의 금지(제2호), 학급 교체(제7호) 및 같은 조 제3항에 따른 학생 특별교육이수 6시간, 같은 조 제9항에 따른 보호자 특별교육이수 6시간의 조치를 A중학교장에게 요청하기로 의결하였다. A중

---

41 법원이 위헌법률심판제청신청을 기각하지 않고 헌법재판소에 위헌법률심판제청을 했다면 사건은 '헌가' 사건이 되었을 것이다.

학교장은 2017.12.5. 갑에게 위 의결과 같은 내용의 처분을 하였다.

갑은 2018.1.16. A중학교장의 위 처분의 취소를 구하는 소를 수원지방법원에 제기하였고, 소송 계속 중 구 학교폭력예방법 제17조 제1항 등[42]에 대하여 위헌법률심판제청신청을 하였다. 법원은 2019.2.15. 위 취소청구를 기각하면서 같은 날 위 헌법률심판제청신청도 일부 각하, 일부 기각하였다. 이에 갑은 2019.3.12. 헌법소원심판을 청구하였다.

헌법재판소는 갑이 헌법에 위반된다고 주장한 심판대상 법률에 대하여 헌법에 위반되지 않는다고 판단하였다.

본 판례의 쟁점은 학교 폭력이 벌어진 경우, 가해 학생에 대해서 내려지는 여러 가지 교육적 조치들이 가해 학생의 양심의 자유, 일반적 행동자유 등을 과도하게 제한하여 위헌인가이다. 특히 그 중에서도 가해 학생으로 하여금 피해 학생에 대해 서

---

42 구 학교폭력예방 및 대책에 관한 법률

제17조(가해 학생에 대한 조치) ① 자치위원회는 피해 학생의 보호와 가해 학생의 선도·교육을 위하여 가해 학생에 대하여 다음 각 호의 어느 하나에 해당하는 조치(수 개의 조치를 병과하는 경우를 포함한다)를 할 것을 학교의 장에게 요청하여야 하며, 각 조치별 적용 기준은 대통령령으로 정한다. 다만, 퇴학 처분은 의무교육과정에 있는 가해 학생에 대하여는 적용하지 아니한다.

1. 피해 학생에 대한 서면 사과
2. 피해 학생 및 신고·고발 학생에 대한 접촉, 협박 및 보복행위의 금지
7. 학급 교체

⑥ 제1항에 따른 요청이 있는 때에는 학교의 장은 14일 이내에 해당 조치를 하여야 한다.

면 사과를 하게 하는 것이 가해 학생의 양심의 자유를 침해하는가에 대해서는 견해가 대립하였다. 헌법재판소 다수 의견은 양심의 자유를 침해하지 않는다고 보았고, 헌법재판관 3인의 반대 의견은 양심의 자유를 침해한다고 보았다.

사견으로는 다수 의견이 타당해 보인다. 서면 사과 조치는 내용에 대한 강제 없이 자신의 행동에 대한 반성과 사과의 기회를 제공하는 교육적 조치로 마련된 것이고, 가해 학생에게 의견 진술 등 적정한 절차적 기회를 제공한 뒤에 학교 폭력 사실이 인정되는 것을 전제로 내려지는 조치이다.

자신의 잘못된 행동에 대한 반성과 사과는 인간의 윤리적 행동 중 매우 가치가 높은 행동으로서 학교라는 교육과정에서 반드시 배울 필요가 있다. 다만, 그것은 교육적 요구의 형태이어야 하고, 강제적 명령의 형태이어서는 안 된다. 교육적 요구의 형태가 되려면 가해 학생에게 피해 학생에 대한 서면 사과를 요구하되, 그것의 불이행에 대해 추가적인 강제조치나 불이익이 없어야 한다. 그런데 심판대상 법률은 서면 사과를 불이행하더라도 추가적인 조치나 불이익을 규정하고 있지 않다. 이런 점들을 고려하면 학교폭력예방법상 서면 사과 요구는 양심의 자유를 침해한다고 볼 수 없을 것이다.

1) 헌법재판소 다수 의견

이 사건 서면 사과 조항은 가해 학생에게 반성과 성찰의 기회를 제공하고 피해 학생의 피해 회복과 정상적인 학교생활로의 복귀를 돕기 위한 것이다. 학교 폭력은 여러 복합적인 원인으로 발생하고, 가해 학생도 학교와 사회가 건전한 사회구성원으로 교육해야 할 책임이 있는 아직 성장과정에 있는 학생이므로, 학교 폭력 문제를 온전히 응보적인 관점에서만 접근할 수는 없고 가해 학생의 선도와 교육이라는 관점도 함께 고려하여야 한다.

학교 폭력의 가해 학생과 피해 학생은 모두 학교라는 동일한 공간에서 생활하므로, 가해 학생의 반성과 사과 없이는 피해 학생의 진정한 피해 회복과 학교 폭력의 재발 방지를 기대하기 어렵다. 서면 사과 조치는 단순히 의사에 반한 사과 명령의 강제나 강요가 아니라, 학교 폭력 이후 피해 학생의 피해 회복과 정상적인 교우관계 회복을 위한 특별한 교육적 조치로 볼 수 있다. 가해 학생은 서면 사과를 통해 자신의 잘못된 행위에 대하여 책임을 지는 방법과 피해 학생의 피해를 회복하는 방법을 배우고, 이를 통해 건전한 사회구성원으로 성장해나갈 수 있다.

서면 사과 조치는 내용에 대한 강제 없이 자신의 행동에 대한 반성과 사과의 기회를 제공하는 교육적 조치로 마련된 것이고, 가해 학생에게 의견 진술 등 적정한 절차적 기회를 제공한 뒤에 학교 폭력 사실이 인정되는 것을 전제로 내려지는 조치이며, 이를 불이행하더라도 추가적인 조치나 불이익이 없다. 또한 이러한 서면 사과의 교육적 효과는 가해 학생에 대한 주의나 경고 또는 권고적인 조치만으로는 달성하기 어렵다. 따라서 이 사건 서면 사과 조항이 가해 학생의 양심의 자유와 인격권을 과도하게 침해한다고 보기 어렵다.

가해 학생의 접촉, 협박이나 보복행위를 금지하는 것은 피해 학생과 신고·고발한 학생의 안전한 학교생활을 위한 불가결한 조치이다. 이 사건 접촉 등 금지 조항은 가해 학생의 의도적인 접촉 등만을 금지하고 통상적인 학교 교육활동 과정에서 의도하지 않은 접촉까지 모두 금지하는 것은 아니며, 학교 폭력의 지속성과 은닉성, 가해 학생의 접촉, 협박 및 보복행위 가능성, 피해 학생의 피해 정도 등을 종합적으로 고려하여 이루어지는 것이므로, 가해 학생의 일반적 행동자유권을 침해한다고 보기 어렵다.

이 사건 학급 교체 조항은 학교 폭력의 심각성, 가해 학생의 반성 정도, 피해 학생의 피해 정도 등을 고려하여 가해 학생과 피해 학생의 격리가 필요한 경우에 행해지는 조치로서 가해 학생은 학급만 교체될 뿐 기존에 받았던 교육 내용이 변경되는 것은 아니다. 피해 학생이 가해 학생과 동일한 학급 내에 있으면서 지속적으로 학교 폭력의 위험에 노출된다면 심대한 정신적, 신체적 피해를 입을 수 있으므로, 이 사건 학급 교체 조항이 가해 학생의 일반적 행동자유권을 과도하게 침해한다고 보기 어렵다.

이 사건 의무화 규정은 학교 폭력의 축소·은폐를 방지하고 피해 학생의 보호 및 가해 학생의 선도 교육을 위하여, 학부모들의 자치위원회 참여를 확대 보장하고 자치위원회의 회의 소집과 가해 학생에 대한 조치 요청, 학교장의 가해 학생에 대한 조치를 모두 의무화한 것이다. 학부모들의 참여는 학교 폭력의 부당한 축소·은폐를 방지하고 안전한 교육환경 조성에 기여할 수 있으며, 학부모 대표의 공정성 확보나 부족한 전문성을 보완할 수 있는 제도도 마련되어 있다.

또한 자치위원회의 가해 학생에 대한 조치 요청이나 학교장의 조치는 모두 학교 폭력 사실이 인정되는 것을 전제로 의무화된 것이고, 의무화 규정 도입 당시 학교 측의 불합리한 처리나 은폐 가능성을 차단하고 학교 폭력에 대한 교사와 학교의 책임을 강화하려는 사회적 요청이 있었으며, 가해 학생 측에 의견 진술 등 적정한 절차가 보장되고, 가해 학생 측이 이에 불복하는 경우 민사소송이나 행정소송 등을 통하여 다툴 수 있다는 점 등을 고려하면, 이 사건 의무화 규정이 가해 학생의 양심의 자유와 인격권, 일반적 행동자유권을 침해한다고 보기 어렵다.

2) 재판관 이선애, 김기영, 문형배의 이 사건 서면 사과 조항에 대한 반대 의견

이 사건 서면 사과 조항은 피해 학생의 피해를 회복하고 가해 학생의 선도·교육을 위한 것이므로, 목적의 정당성과 수단의 적합성은 인정된다.

그러나 '사과한다'는 행위는 내심의 윤리적 판단·감정 내지 의사의 표현이므로, 외부에서 강제할 수 있는 성질의 것이 아니다. 아직 성장과정에 있는 학생이라 하더라도 의사에 반한 윤리적 판단이나 감정을 외부에 표명하도록 강제하는 것은 학생들의 인격과 양심의 형성에 왜곡을 초래하고, 그 양심의 자유 및 인격권의 제한 정도가 성인들의 것보다 작다고 단정할 수 없다. 또한 서면 사과는 가해 학생이 잘못을 저질렀다고 생각하지 않거나 반성 없이 사과하는 경우 가해 학생의 선도와 교육에 기여한다고 보기 어렵고, 가해 학생의 불성실한 사과는 오히려 2차 피해를 입힐 수도 있다.

학교 폭력을 해결하기 위해서 가해 학생의 반성과 사과가 중요하고 이를 위한 교육적 조치가 필요하지만, 가해 학생의 반성과 사과는 일방적인 강요나 징계를 통하여 달성할 수 있는 것이 아니다. 이는 학교 폭력을 해결해 나가는 교육적인 과정에서 교사나 학부모의 조언, 교육, 지도 등을 통해 자발적으로 이루어져야 교육적인 측면에서뿐만 아니라 피해 학생의 피해 회복이나 분쟁 해결의 측면에서도 바람직하다.

만약 가해 학생에게 학교 폭력에 대한 경각심이나 잘못된 행위임을 일깨울 필요가 있다면, 이 사건 서면 사과 조항과 같은 사과의 강제가 아니라 주의나 경고 등의 조치로도 충분히 목적을 달성할 수 있고, 피해 학생에 대한 사과를 위한 교사의 적절한 개입과 지도가 이루어질 수 있는 법적 근거가 필요하다면 피해 학생에 대한 서면 사과를 권고적 조치로 규정하는 것도 가능하다. 따라서 가해 학생에게 서면 사과를 강제하는 이 사건 서면 사과 조항은 가해 학생의 양심의 자유와 인격권을 침해한다.

09. 시험 시행일을 특정 요일로 정한 것은 종교의 자유를 침해하는 것인가?

- 헌재 2023. 6. 29. 2021헌마171

해설

역사적으로 종교의 자유는 종교 선택의 자유를 의미했다. 종교 선택에 있어 국가의 간섭을 받지 않을 자유로서 특정 종교로의 개종을 요구받지 않을 자유, 특정 종교를 버릴 것을 요구받지 않을 자유, 어떤 종교도 가지지 않을 자유가 그 내용을 이루었다. 현대에 와서 정교분리의 원칙을 채택하고 있는 국가에서는 이러한 의미의 종교의 자유는 보장되고 있다. 그런데 종교 탄압을 의도하지 않은 국가의 본질적 행위 또는 일상적 행위가 특정 종교의 신념 내지 종교 행사와 지속적 반복적으로 갈등을 빚는다면 결국 특정 종교의 선택을 제한하는 효과로 나타날 수 있다.

대표적으로 '여호와의 증인' 신도의 양심적 병역 거부를 예로 들 수 있다. 즉 국방 무력의 형성이라는 국가의 본질적 행위와 '여호와의 증인' 신도의 집총 거부라는 종교적 신념이 반복적으로 충돌하면서 '여호와의 증인' 신도로서 신앙적 양심을 지키기 위해서는 병역을 거부하고 징역형을 감수해야 하는 상황이 벌어지는 것이다. 이것은 '여호와의 증인'이라는 종교를 선택하면 징역형을 받을 위험이 있기 때문에, 직접 '여호와의 증인'이라는 특정 종교를 버릴 것을 요구하는 것과 경로는 다르지만 효과에 있어서는 동일할 수 있다.

종교에 있어서 이러한 갈등은 앞의 사례보다 덜 심각한 상황에서도 벌어진다. 즉 국가의 일상적 행위와 특정 종교의 종교 행사 간 갈등 상황이다. '일요일 시험법'을 예로 들 수 있다. 과거 대부분의 국가고시는 일요일에 시행되었는데, 일요일을 예배일로 하는 기독교 신도들이 지속적으로 일요일 시험법에 문제를 제기한 것이다. 일요일 예배를 하루도 거르지 않아야 한다는 절대적 신념을 가지고 있는 자라면, 그는 국가고시를 포기해야 할 것이다. 반대로 국가고시를 응시하고자 한다면 자신의 신념을 포기해야 할 것이다. 종교 선택의 자유를 의미했던 종교의 자유가 종교 선택을 사실상 제한하는 국가의 행위와 충돌하고 조정하는 과정을 거치면서 종교 행사의 자유까지 포함하는 것으로 내용을 확장하고 있는 것이다.

이 판례는 헌법재판소가 2023년 6월 29일 선고한 결정이다. 국가시험시행계획 공고가 공권력 행사에 해당하고, 이 공고가 자신의 종교의 자유를 침해한다고 헌법소원을 제기한 것이다. 본 판례의 사실관계는 아래와 같다.

갑(甲)은 「간호조무사 및 의료유사업자에 관한 규칙」(이하 '간호조무사규칙') 제4조 제1항에 따른 교육과정을 이수하여 간호조무사 국가시험에 응시할 자격을 갖춘 자이다. 한국보건의료인국가시험원장 A는 2020.12.10. 한국보건의료인국가시험원 공고 제2020-157호로 2021년도 간호조무사 국가시험 시행계획 공고를 하면서, 상반기 시험일을 2021.3.13. 토요일로, 하반기 시험일을 2021.9.11. 토요일로, 시험 시간을 10시부터 11시 40분까지로 정하였다. 갑은 위 간호조무사 국가시험에 응시하고자 하였으나 자신이 신봉하는 제칠일안식일예수재림교(이하 '재림교')는 금요일 일몰부터 토요일 일몰까지를 종교적 안식일로 하고 있어 토요일 일몰 전에 시행하는 위 간호조무사 국가시험에 응시할 수 없었다. 이에 갑은 간호조무사 국가시험을 연 2회 모두 토요일 일몰 전으로 정한 A의 위 공고가 청구인의 종교의 자유, 양심의 자유, 직업 선택의 자유, 평등권 등을 침해한다고 주장하며, 2021.2.3. 헌법소원심판을 청구하였다. 헌법재판소는 시험일을 토요일로 정한 시험 공고가 헌법에 위반되지 않는다고 보아 갑의 헌법소원심판청구를 기각하였다.

본 판례의 쟁점은 1년에 두 번 실시하는 간호조무사 시험을 모두 토요일에 실시하는 것이 토요일을 종교적 안식일로 정하고 있는 특정 종교(재림교)의 종교의 자유를 침해하는 것인가 여부이다. 헌법재판소의 다수 의견은 종교의 자유 침해가 아니라고 보았고, 헌법재판관 3인의 반대 의견은 종교의 자유에 대한 침해라고 보았다.

사견으로는 다수 의견이 타당해 보인다. 시험 시행일을 평일로 정할 경우 시험장, 시험 운영 인력 등을 확보하는 데 어려움이 있고, 직장인이나 학생이 시험을 치르고자 할 경우 어려움이 있다. 일요일로 시험일을 정할 경우에도 일요일에 교회에서 예배를 하는 사람들에게는 종교를 제한하는 문제가 다시 발생한다. 국가가 의도를 가지고 특정 종교를 우대하거나 배제하는 과정에서 시험 요일이 정해졌다면 문제일 것이다. 그러나 국가가 차별이나 우대 의도 없이 시험 요일을 정한 것이라면 특정 요일 선택에 재량이 있다고 할 것이다. 그래서 원활한 시험 시행과 수험생의 응시 편의 등을 고려하고, 특정 요일의 선택이 다른 요일에 비해 특별히 종교의 자유를 더 침해하는 것은 아니라고 판단하여 특정 요일을 정했다면, 시험 요일의 선택이 종교의 자유를 침해한다고 평가할 수는 없다.

1) 헌법재판소 다수 의견

이 사건 공고는 다수의 간호조무사 국가시험 수험생들의 응시상 편의를 도모하고, 시험 장소로 제공된 시설의 부담을 최소화함과 동시에 시험 장소의 확보 및 기타 시험 관리를 용이하게 하기 위한 것으로 그 목적의 정당성이 인정되며, 시험 일시를 토요일 오전으로 정한 것은 이러한 목적을 달성하기 위한 적합한 수단이다.

간호조무사 국가시험이 어느 요일에 실시되느냐에 따라 일부 수험생들은 시험 응시에 어느 정도 지장이나 불편을 감내할 수밖에 없으므로 시험 요일은 피해를 최소화할 수 있는 방안으로 결정하여야 한다. 간호조무사 국가시험의 응시생 수는 매회 20,000명에 달한다. 한국보건의료인국가시험원(이하 '국시원')은 17개의 광역자치단체에 소재한 중·고등학교를 임차하여 시험 장소로 사용하고 있고 시험 운영을 위하여 공무원, 교직원 등 3,000명이 넘는 인원이 필요하다. 시험은 전국에서 동일하게 시행되어야 하는데, 시험장으로 임차된 학교별로 개학 일시, 구체적인 학기의 일정, 방과 후 학습의 진행 여부 등이 모두 다르기 때문에 시험일을 평일로 정할 경우 시험장, 시험 운영 인력의 확보 및 전국적인 시험의 관리에 어려움이 발생한다.

시험이 평일에 실시될 경우 직장인인 수험생은 시험을 치르기 위해 휴가를 내거나 결근해야 하고 재학 중인 수험생 역시 방학 중이 아니라면 결석을 해야 하는 등 사실상 시험의 응시가 어렵게 된다. 시험일을 토요일이 아닌 일요일로 정하는 경우 재림교를 믿는 청구인의 종교의 자유에 대한 제한은 없을 것이나, 반면 일요일에 종교적 의미를 부여하는 응시자의 종교의 자유를 제한하게 되므로 종교의 자유 제한 문제는 기본권의 주체만을 달리하여 그대로 존속한다.

또한 국시원은 지방에 사무소나 본부 등을 두고 있지 아니하므로 전국 단위의 시험을 주관하기 위해서는 각 지방자치단체의 협조가 필수적이다. 그런데 각 지방자치단체에 대한 사실조회 회신에 의하면, 대부분의 지방자치단체는 시험 장소 임차 및 시험 인력 동원 등의 이유로 일요일 시험 실시가 불가하거나 어려운 입장이므로, 현재로서는 일요일에 간호조무사 국가시험을 시행하는 것이 현실적으로 어려운 상황이다.

여타의 국가시험이 시험의 시행일을 평일 또는 일요일로 정하고 있다 하더라도 시험별로 시행부처 및 시행기관이 달라 시험의 관리 및 준비 능력이나 시험 시행에 투입되는 비용에 차이가 있고 시험의 목적, 시험 실시 기간 및 시간 등에도 차이가 존재하므로 이를 일률적으로 비교할 수도 없다. 이러한 사정을 모두 종합하여 보면, 연 2회 실시되는 간호조무사 국가시험을 모두 토요일에 실시하고 시험 요일을 다양화하지 않았다고 하여 그로 인한 기본권 제한이 지나치다고 볼 수 없다.

청구인은 격리 후 시험을 치르는 방법(재림교인들을 일반 응시자들과 함께 시험장에 입실하게 하여 일몰 때까지 다른 장소에 격리된 상태에서 기도하며 대기하다가 일몰 후에 시험을 치르도록 하는 방법)을 고려해야 한다고 주장하나, 간호조무사 국가시험과 같은 대규모의 시험은 공정성과 형평성을 위하여 전국에서 동시에 실시되는 것이 바람직한 점, 통상 간호조무사 국가시험은 9시 30분까지 입실하여 10시부터 100분 간 치러지므로 재림교인들만 일몰 후에 시험에 응시할 수 있도록 하기 위하여는 다른 응시자들의 시험이 모두 종료된 후 일부 시험 관리 인력이 남아 재림교인들과 함께 일몰 후까지 대기하여야 하고 시험 장소의 임차 시간도 추가적으로 연장하여야 하는 등 과다한 시간과 비용, 노력이 추가로 소요된다는 점 등을 고려할 때, 적절한 대안이라 하기 어렵다. 따라서 이 사건 공고는 침해의 최소성을 갖추었다.

간호조무사 국가시험과 같이 다수의 사람들이 전국에서 동시에 응시하는 시험은 그 특성상 시험에 응시할 수 없는 사정이 있는 사람이 존재할 수밖에 없으므로 최대한 많은 사람들이 지장 없이 시험에 응시할 수 있도록 하는 것이 중요하다. 또한 대규모 시험의 경우 적절한 시험 장소를 확보하여 공정하고 효율적으로 시험을 관리·운영할 필요성도 크다. 이 사건 공고에 의하여 청구인의 종교적 행위의 자유가 제한되나 그 불이익이 이 사건 공고를 통해 추구하고자 하는 공익보다 크다고 보기 어렵다. 따라서 이 사건 공고는 법익의 균형성을 갖추었다.

이 사건 공고가 과잉금지의 원칙에 반하여 청구인의 종교의 자유를 침해한다고 보기 어렵다.

2) 재판관 이은애, 김기영, 이미선의 반대 의견

이 사건 공고가 목적의 정당성과 수단의 적합성을 충족한다는 점은 법정 의견과 같다.

재림교는 금요일 일몰부터 토요일 일몰까지 직장·사업·학교 활동, 공공 업무 및 시험 응시 등의 세속적 행위를 하는 것을 금지하고 있다. 이에 이러한 교리를 지키려는 재림교인들은 이 사건 공고에 따라 토요일에 시행되는 두 번의 시험에 모두 응시하지 못하여 간호조무사 자격을 취득할 수 없게 된다. 즉 이 사건 공고는 다수 수험생들의 응시상 편의와 시험 관리의 용이함을 위하여 청구인과 같은 재림교인들을 일방적으로 희생시키는 방식을 취하고 있으나, 이 사건 공고의 목적을 달성하기 위하여 반드시 토요일 오전에 시험이 시행되어야 하는 것은 아니다. 예컨대 두 번의 시험 중 적어도 한 번은 토요일이 아닌 일요일에 시행할 수 있다. 일요일은 공식 휴일이므로 많은 국민들이 학업·생계활동 등 일상생활에 지장 없이 시험에 응시할 수 있고, 일요일에 시험을 실시하는 것이 토요일에 시험을 실시하는 것에 비해 시험 장소로 제공되는 시설의 부담을 키우거나 시험 준비 및 관리에 어려움을 초래한다고 보기도 어렵다. 간호조무사 국가시험과 같이 중·고등학교를 임차하여 이루어지는 한국사능력검정시험, 공인회계사시험 등도 일요일에 시행되고 있다. 또한 시험을 토요일에 시행하더라도 그 시간을 일몰 후로 조정하는 방법이나 미국·캐나다 등의 입법례와 같이 종교적 이유로 공지된 날짜에 시험에 응시할 수 없는 수험생들에게 다른 날짜에 시험을 칠 수 있도록 허용하는 방법 등도 고려해볼 수 있다.

이와 관련하여 피청구인이 주장하는 바와 같은 시험 시행 인력 확보의 어려움 또는 지방자치단체의 비협조 등과 같은 행정적 이유는 청구인의 종교의 자유를 제약하는 것을 정당화하기에 부족한 사정에 불과하다. 이와 같이 덜 침해적인 방법으로 이 사건 공고의 목적을 충분히 달성할 수 있음에도 이 사건 공고는 두 번의 시험을 모두 토요일 일몰 전에 시행하도록 정하고 있는바, 침해의 최소성을 갖추었다고 보기 어렵다.

이 사건 공고는 최대한 많은 사람들이 일상생활에 지장 없이 시험에 응시할 수 있도록 하고 시험 장소로 제공된 시설의 부담을 최소화함과 동시에 시험 장소의 확보 및 기타 시험 관리를 용이하게 하기 위한 것으로, 매년 다수의 국민이 간호조무사 국가시험에 응시하는 점을 고려할 때 이와 같은 공익의 중요성을 부정하기는 어렵다. 그러나 앞서 본 바와 같이 이 사건 공고는 두 번의 시험 시행 일시를 모두 토요일 오전으로 정함으로써 청구인과 같은 재림교인들이 간호조무사 국가시험에 응시하기 위하여는 교리를 위반할 수밖에 없도록 하여 사실상 간호조무사가 될 수 있는 기회를 박탈하고 있다. 따라서 이 사건 공고로 인하여 청구인이 제한받는 사익이 이 사건 공고가 달성하려는 공익보다 가볍다고 볼 수 없다. 이 사건 공고는 법익의 균형성에도 어긋난다.

이 사건 공고는 과잉금지원칙에 반하여 청구인의 종교의 자유를 침해한다.

10. 대북전단 살포 행위를 금지하는 것은 표현의 자유를 침해하는 것인가?

– 헌재 2023. 9. 26. 2020헌마1724 등

해설

남북관계는 화해와 협력의 노력이 없었던 것은 아니지만 대체로 대결적 구도가 지배하였다고 해도 과언이 아니다. 동족상잔의 비극을 경험한 이후 지금까지 남북은 각자의 무력을 강화하면서 긴장관계 속에 대치를 계속해 왔다. 북한이 핵개발 시도를 넘어 핵무장을 공식화하는 상황에서 또 북·중·러가 밀착하고 한·미·일이 동맹을 강화하여 안보체계가 블록화되고 있는 현시점에서는 통일은 요원한 과제처럼 느껴진다.

이러한 대결구도 속에서 통일의 파트너인 북한에 대해 취해야 할 태도와 관련하여 두 가지 상반된 입장이 존재한다. 하나는 대결적 상황임에도 통일의 과제는 남북한 당국의 신뢰 회복과 화해를 통해 이루어져야 한다는 것이다. 이러한 입장은 북

한에 대한 설득을 계속하여 어떻게 해서든 북한을 남북대화 혹은 국제적 대화 테이블(특히 미국과의 대화)로 불러내는 것이 중요하다고 본다. 정부가 이러한 입장을 취할 때는 민간의 대북활동 중에서도 대북지원이나 경제협력 등에 대해서는 지지하지만 북한 당국을 자극할 수 있는 북한 주민 인권활동, 탈북 지원, 대북전단활동 같은 것들은 규제하려고 할 것이다. 다른 하나는 북한 당국과의 대화는 불가능하고 불필요하며, 오직 힘과 제재를 통해 북한 당국을 굴복시키는 것이 통일로 가는 첩경이라고 보는 입장이다. 정부가 이런 입장에 서 있을 때는 북한 주민에 대한 인권활동, 탈북 지원, 전단을 통한 선전활동 등에 대해서는 지지할 것이고 대북지원이나 경제협력 등에는 부정적일 것이다.

이 판례는 헌법재판소가 2023년 9월 26일 선고한 결정이다. 대북전단 살포 행위를 금지하는 법률 조항이 공권력 행사로서 헌법상 기본권을 제한한다고 주장하며 법령헌법소원을 제기한 것에 대한 결정이다. 본 판례의 사건 전개는 아래와 같다.

갑(甲)은 2003년경부터 북한 접경지역에서 북한으로 전단을 살포하여 왔고, 2005년경에는 이를 위한 대형 풍선과 장비를 개발하여 특허 등록을 하는 등 전단의 살포를 위한 활동을 지속하였으며, 을(乙)은 페트병에 쌀을 담아 바다를 통해 북한에 보내는 등 활동을 하여 왔다.

국회는 2020.12.14. 선전, 증여 등을 목적으로 전단, 물품, 금전 또는 그 밖의 재산상 이익을 승인받지 아니하고 북한의 불특정 다수인에게 배부하거나 북한으로 이동시키는 행위를 통하여 국민의 생명·신체에 위해를 끼치거나 심각한 위험을 발생시키는 것을 금지하고, 이를 위반한 사람을 처벌하는 등의 내용을 담은 '남북관계 발전에 관한 법률 개정법률안'을 의결하였고, 이는 2020.12.29. 공포되었다. 갑, 을은 위 금지와 처벌을 규정한 「남북관계 발전에 관한 법률」 제24조 제1항, 제25조 등[43]이 표현의 자유를 침해한다며 헌법소원을 제기하였다. 헌법재판소는 위 법률 조항이 표현의 자유를 침해하여 헌법에 위반된다고 결정하였다.

본 판례의 쟁점은 대북전단 살포 등의 행위를 금지하고 이를 위반할 경우 형사처벌까지 하는 「남북관계 발전에 관한 법률」 조항이 표현의 자유를 침해하느냐이다. 헌법재판소의 다수 의견(7인)은 표현의 자유를 침해하여 위헌이라는 입장이고, 헌법재판관 2인의 반대 의견은 표현의 자유를 침해하지 않아 합헌

---

43 「남북관계 발전에 관한 법률」(2020.12.29. 법률 제17763호로 개정된 것)
제24조(남북합의서 위반 행위의 금지) ① 누구든지 다음 각 호에 해당하는 행위를 하여 국민의 생명·신체에 위해를 끼치거나 심각한 위험을 발생시켜서는 아니 된다.
3. 전단 등 살포
제25조(벌칙) ① 제24조 제1항을 위반한 자는 3년 이하의 징역 또는 3천만원 이하의 벌금에 처한다. ② 제1항의 미수범은 처벌한다.

이라는 입장이다.

사견으로는 다수 의견이 타당해 보인다. 북한과의 접경지역에서의 전단 살포를 위험 방지 차원에서 제한할 필요가 있다면 현행「경찰관 직무집행법」으로 대처할 수 있다. 즉 전단 살포 징후가 포착되면 경찰공무원이 출동하여 현장을 통제한 후, 전단 내용을 검토하여 위험성이 있으면 경고나 제지를 할 수 있다. 즉 전단 살포를 직접 규제하기 위한 별도의 입법이 없더라도 접경지역의 안전에 필요한 조치를 할 수 있는 것이다. 나아가 전단 살포를 직접 규제하는 입법을 하더라도 전단 살포를 일률적으로 제한하지 않고 옥외 집회의 사전신고제와 같은 방식을 도입하여 전단을 살포하려는 사람은 관할 경찰서장에게 살포 시간, 장소, 방법, 수량 등을 사전에 신고하고, 경찰서장은 위험성이 있다고 판단되면 금지 통고를 하고, 살포를 강행하는 경우에는 살포를 즉시 제지하고 해산을 명할 수 있도록 규정하는 식으로 기본권을 덜 침해하는 방식의 규제도 생각해볼 수 있다.

그럼에도 전단 살포를 직접 제한하는, 그것도 일률적으로 제한하는 입법을 한 것은 불필요한 입법을 넘어 국민의 표현의 자유를 과도하게 제한하는 것이다. 아마도 입법자는 전단 살포자의 표현의 자유 보장이라는 이익보다는 북한을 자극하는 행위를 규제하여 남북관계의 발전을 도모하는 것이 훨씬 큰 이익이라고 판단한 것 같다. 북한을 자극하지 않고 저자세로 대하는 것이 남북관계 개선에 도움이 되었는지 생각해볼 일이다.

1) 재판관 이은애, 이종석, 이영진, 김형두의 위헌 의견

심판대상 조항은 '전단 등 살포'를 금지·처벌함으로써 북한이 도발할 빌미를 차단하면 국민, 특히 접경지역 주민의 생명과 신체의 안전을 보장할 수 있다는 인식에 바탕을 둔 것이다. 「경찰관 직무집행법」 제5조 제1항은 '사람의 생명 또는 신체에 위해를 끼치거나 재산에 중대한 손해를 끼칠 우려가 있는 위험한 사태가 있을 때'에는 경찰관이 그 장소에 모인 사람 등에게 경고를 하거나(제1호), 매우 긴급한 경우 위해를 입을 우려가 있는 사람을 필요한 한도에서 억류, 피난시키거나(제2호), 그 장소에 있는 사람 등에게 위해를 방지하기 위하여 필요하다고 인정되는 조치를 하게 하거나 직접 할 수 있도록(제3호) 규정하고 있다. 법원은 전단 등 살포 현장에 출동한 경찰관이 위 법률 조항 등을 근거로 전단 등 살포를 제지할 수 있고, 그 제한이 과도하지 않은 이상 위법하지 않다고 판단한 바 있다.

접경지역은 군과 경찰 등이 상시 정찰하고 있으므로 전단 등 살포 징후가 포착되면 경찰공무원이 출동하여 현장 상황을 파악·통제할 수 있고, 현장의 경찰관이 전단 등 살포 시간, 장소나 방법, 전단 등의 수량, 살포 당시의 남북 간 긴장 정도, 살포 전 기자회견 등을 하는 경우 이를 통하여 표명된 전단 내용이나 물품 종류 등 개별·구체적 상황을 고려하여 국민의 생명이나 신체에 위해나 위험이 발생할 우려가 있는 경우에는 경고를 하고, 위해 방지를 위하여 필요한 경우에는 전단 등 살포를 직접 제지하는 등 상황에 따라 유연한 조치를 할 수 있다.

이와 같은 「경찰관 직무집행법」 제5조 제1항 등에 기한 조치는 심판대상 조항의 일률적인 금지 및 처벌과 비교하여 심판대상 조항의 입법 목적 달성에는 지장을 초래하지 않으면서 덜 침익적인 수단이 될 수 있다. 또한 심판대상 조항과 같이 전단 등 살포를 일률적으로 제한하지 않고 「집회 및 시위에 관한 법률」의 옥외 집회 및 시위의 신고와 유사한 방식을 도입하여, 전단 등을 살포하려는 사람은 관할 경찰서장 등에게 살포 시간, 장소나 방법, 전단 등의 수량 등을 사전에 신고하도록 하고, 관할 경찰서장은 개별·구체적 상황을 고려하여 국민의 생명이나 신체에 위해나 위험이 발생할 가능성이 현저한 경우나 「공유수면 관리 및 매립에 관한 법률」, 항공안전법 등 관련 법률에 저촉될 여지가 있는 경우 '살포 금지 통고'를 할 수 있도록 하며, 살포를 강행하는 경우에는 신고 장소에 출동하여 현장을 통제하는 경찰이 살포를 즉시 제지하고 해산을 명할 수 있도록 규정한다면(「집회 및 시위에 관한 법률」 제6조, 제8조, 제20조 참조), 이 또한 덜 침익적인 수단이 될 수 있다.

심판대상 조항으로 전단 등 살포가 금지·처벌된다고 하여 북한의 적대적 조치가 유의미하게 감소하고 이로써 접경지역 주민의 안전이 확보될 것인지, 나아가 남북간 평화통일의 분위기가 조성되어 이를 지향하는 국가의 책무 달성에 도움이 될 것인지 단언하기 어렵다. 반면 심판대상 조항이 초래하는 표현의 자유의 제한은 매우 중대하다. 표현의 자유는 개인적인 차원에서는 자유로운 인격 발현의 수단임과 동시에 합리적이고 건설적인 의사 형성 및 진리 발견의 수단이 되며, 국가와 사회적인 차원에서는 민주주의 국가와 사회의 존립과 발전에 필수불가결한 기본권이다.

이상과 같은 사정을 종합하면, 심판대상 조항이 달성하고자 하는 공익보다 이로 인하여 제한되는 사익이 더 크다고 할 수 있어, 법익의 균형성도 인정되지 않는다. 심판대상 조항은 과잉금지원칙에 위배되어 청구인들의 표현의 자유를 침해한다.

2) 재판관 유남석, 이미선, 정정미의 위헌 의견

심판대상 조항에 의한 표현의 자유 제한이 표현의 내용과 무관한 내용 중립적 규제라고 보기는 어려운바, 심판대상 조항은 표현의 내용을 규제하는 것으로 봄이 타당하다. 심판대상 조항이 추구하는 주된 목적인 국민, 특히 접경지역 주민의 생명·신체의 안전 보장을 위해서는 반드시 형벌권의 행사가 아니더라도, 전단 등 살포 행위 전에 이를 신고하도록 하고 그 신고에 대해 「경찰관 직무집행법」 등에 따라 적절하게 대응하도록 함으로써, 접경지역 주민 등의 생명·신체의 안전 보장이라는 입법 목적을 달성할 수 있다. 심판대상 조항이 입법 목적 달성을 위한 수단으로 형벌을 택한 것은 형벌의 보충성 및 최후수단성에 부합한다고 보기 어렵다. 정보의 유입과 유통을 엄격히 통제하고 있는 북한의 특성상, 북한을 자극하여 도발을 일으킬 수 있을 만한 표현의 내용은 상당히 포괄적이므로, 심판대상 조항에 의해 제한되는 표현 내용이 광범위하며, 이로 인하여 표현의 자유가 지나치게 제한된다.

심판대상 조항이 정하는 결과는 북한의 개입을 통해서 실현되는 것인데, 그 개입이 있을 것인지 여부는 특수한 경우를 제외하고는 행위자가 예측하기 어려우므로, 표현의 자유에 대한 심대한 위축 효과를 초래한다. 심판대상 조항을 통해 평화통일을 지향할 국가의 책무를 달성한다는 공익은 명백하거나 구체적이지 못한 반면, 행위자가 받게 되는 표현의 자유에 대한 제약은 그 표현의 의미와 역할의 중요성에 비해 매우 크다.

따라서 심판대상 조항은 과잉금지원칙을 위반하여 청구인들의 표현의 자유를 침해한다.

3) 재판관 김기영, 문형배의 반대 의견(합헌 의견)

심판대상 조항은 표현의 내용에 대한 제한이 아니라, 전단 등 살포라는 표현 방법에 대한 제한으로 보아야 한다. 국가형벌권 행사(국가는 권력으로서 사회 전반을 통제함은 물론 이에 위반되는 경우에는 형벌권을 행사할 수 있다)는 중대한 법익에 대한 위험이 명백한 경우에 한하여 최후 수단으로 선택되어 필요 최소한의 범위에 그쳐야 하나, 국민, 특히 접경지역 주민의 생명과 신체의 안전이라는 매우 중요한 법익의 침해 또는 그 위험을 동등한 정도로 방지하면서도 덜 침해적인 대안을 찾을 수 있는지 의문이다. 심판대상 조항의 '위험'은 그 위험이 임박하고 그 발생이 명백하다고 볼 수 있는 경우에만 인정되고, 법원이 구체적 사건에서 '국민의 생명·신체에 대한 위해 또는 그 심각한 위험의 발생'에 대한 고의의 존부, 그리고 전단 등 살포 행위와의 사이에 인과관계를 인정할 수 있는지 여부를 판단하여 그 처벌 여부를 결정할 수 있으므로, 처벌 범위가 무한정 확대된다고 볼 수 없다.

청구인들의 견해는 전단 등 살포 외의 다른 방법을 통하여 충분히 표명될 수 있고, 남북간 긴장완화를 시도하는 국면에서 제한된 표현의 자유도 교류 협력이 활성화되는 국면에서 확장될 수 있다는 동적인 관점에서 심판대상 조항을 이해해야 한다. 심판대상 조항에 따른 처벌은 남북합의서의 유효한 존속을 전제로 하므로, 전단 등 살포를 극도로 경계하는 북한 당국 입장에서는 전단 등 살포의 억제를 위해서라도 남북합의서를 준수할 이익이 있고, 북한이 이를 준수하면 접경지역 주민의 안전은 물론, 한반도 전체의 평화가 유지될 수 있다.

따라서 심판대상 조항은 과잉금지원칙에 위배되어 표현의 자유를 침해한다고 볼 수 없다.

글을 마치며

우리 사회의 쟁점 사안들을 판례를 통해 살펴보았다. 일반인
이 논쟁적인 주제들을 직접 판결문으로 접하기는 쉽지 않다.
대개는 신문이나 방송에서 사회적으로 이슈가 된 판결을 기자
가 요약한 형태로, 그리고 결론만 접할 것이다. 판례는 현존하
는 다툼에서 문제가 된 논쟁을 다룬다. 가정적인 대립이나 논
쟁이 아니다. 그래서 판례에는 그 특유의 진지함과 긴장감이
있다.

판례의 당사자들에게는 사활적 문제였던 만큼 쟁점에 대한
치열한 고민이 고스란히 녹아 있는 것이다. 우리가 이런 글을
어디에서 접할 수 있을까. 우리가 사활을 걸고 토론할 경우가
얼마나 있을까. 그래서 일반인에게 치열하고 긴장감 있는 판결
문을 직접 읽어볼 것을 권하고 싶었다. 하지만 일반인이 판례
를 직접 접할 때 적지 않은 장애가 있을 것이다. 그래서 그러한

장애를 해소시키는 해설과 안내를 담은 책을 쓰기로 한 것이다. 일반인으로 하여금 판례를 통해 우리 사회의 쟁점에 대한 이해를 갖게 하고 아울러 판례와의 거리도 좁히고자 했던 이 책의 의도가 얼마나 잘 실현되었는지 모르겠다.

언급한 김에 일반인과 판례 사이의 거리를 좁히는 데 장애로 작용하는 것들을 후기에서 지적하는 것도 의미가 있을 것 같다.

우선 판결문의 내용인데, 여전히 법이론적 내용이 주된 내용이 된다는 점이다. 법은 상식이지 그 자체가 독자적인 내용을 가지고 있지 않다. 그러므로 모든 판결문은 일반인이 이해할 수 있는 상식과 논리를 바탕으로 쓰여질 수 있다. 법이 일반인의 상식과 호흡하지 못하면 자기만의 도그마에 갇혀서 불합리하고 불공정한 결론으로 자신을 이끌어 결국 자기 부정에 이를 수도 있다. 일반인의 상식을 벗어난 판결문은 사법권의 힘에 의해 분쟁을 종식시킬 수는 있을지언정 일반인의 마음을 승복하게 하는 진정한 효력을 발휘하지는 못한다. 그래서 법원은 판결이 일반 국민의 건전한 상식과 논리를 받아들이고 반영하고 있는지 끊임없이 점검해야 한다.

게다가 판결문은 일반인인 사건의 당사자 혹은 관계인들이 보는 서면이다. 법 전문가가 아닌 일반인을 위한 서면인 것이다. 그렇다면 판결문을 쓰기 전에는 법이론에 따라 숙고하고, 협의하고, 결론을 도출하더라도, 판결문을 쓸 때는 일반인의 언어와 논리로 글을 전개하는 것이 바람직할 것이다.

다음으로 형식면에서 지나치게 긴 판결문의 문장이다. 요즘에 와서는 많이 개선되었지만, 문단 전체를 한 문장으로 쓰려고 하는 과거의 전례를 여전히 답습하고 있는 점이다. 읽기 불편하고 내용 파악도 어려운 '한 문장으로 쓰기'가 과거에 왜 판결문 쓰기의 표준이 되었는지, 그리고 오늘날에도 왜 답습되는지 좀처럼 이해하기 어렵다. 이러한 장애들은 시대의 변화에 따라 점점 해소될 것으로 기대하면서 글을 맺는다.

판례로 보는 한국 사회 쟁점 20

1판 1쇄 인쇄 2024년 6월 20일
1판 1쇄 발행 2024년 6월 27일
1판 2쇄 발행 2024년 12월 2일

지은이 이광원
펴낸이 고은주

디자인 황제펭귄
인쇄·제본 (주)민언프린텍

펴낸곳 도서출판 스핑크스
주소 (63558) 제주특별자치도 서귀포시 용흥로66번길
전화 0505-350-6700 I **팩스** 0505-350-6789 I **이메일** sphinx@sphinxbook.co.kr
출판신고번호 제652-251002017000187호 I **신고일자** 2017년 10월 31일

ISBN 979-11-90966-10-8 03360